L. Annaeus Seneca

Epistulae morales ad Lucilium
Liber XVII et XVIII

Briefe an Lucilius über Ethik
17. und 18. Buch

Lateinisch / Deutsch

Übersetzt und herausgegeben
von Heinz Gunermann

Philipp Reclam jun. Stuttgart

Universal-Bibliothek Nr. 9373
Alle Rechte vorbehalten
© 1998 Philipp Reclam jun. GmbH & Co., Stuttgart
Gesamtherstellung: Reclam, Ditzingen. Printed in Germany 1998
RECLAM und UNIVERSAL-BIBLIOTHEK sind eingetragene Marken
der Philipp Reclam jun. GmbH & Co., Stuttgart
ISBN 3-15-009373-2

Inhalt

Epistula CI · 101. Brief 4
Epistula CII · 102. Brief 14
Epistula CIII · 103. Brief 32
Epistula CIV · 104. Brief 36
Epistula CV · 105. Brief 56
Epistula CVI · 106. Brief 62
Epistula CVII · 107. Brief 68
Epistula CVIII · 108. Brief 76
Epistula CIX · 109. Brief 100

Zur Textgestalt 111
Anmerkungen 113
Nachwort 127
Literaturhinweise 161

Epistula CI

Seneca Lucilio suo salutem

(1) Omnis dies, omnis hora quam nihil simus ostendit et aliquo argumento recenti admonet fragilitatis oblitos; tum aeterna meditatos respicere cogit ad mortem. Quid sibi istud principium velit quaeris? Senecionem Cornelium, equitem Romanum splendidum et officiosum, noveras: ex tenui principio se ipse promoverat et iam illi declivis erat cursus ad cetera; facilius enim crescit dignitas quam incipit. (2) Pecunia quoque circa paupertatem plurimum morae habet; dum ex illa erepat haeret. Iam Senecio divitiis inminebat, ad quas illum duae res ducebant efficacissimae, et quaerendi et custodiendi scientia, quarum vel altera locupletem facere potuisset. (3) Hic homo summae frugalitatis, non minus patrimonii quam corporis diligens, cum me ex consuetudine mane vidisset, cum per totum diem amico graviter adfecto et sine spe iacenti usque in noctem adsedisset, cum hilaris cenasset, genere valetudinis praecipiti arreptus, angina, vix conpressum aetatis faucibus spiritum traxit in lucem. Intra paucissimas ergo horas quam omnibus erat sani ac valentis officiis functus decessit. (4) Ille qui et mari et terra pecuniam agitabat, qui ad publica quoque nullum re-

101. Brief

Seneca grüßt seinen Lucilius

(1) Jeder Tag, jede Stunde¹ zeigt uns unsere Nichtigkeit und erinnert uns durch irgendeinen erneuten Beweis an unsere Hinfälligkeit, die wir ihrer vergessen haben². Dann zwingt sie uns, inmitten unserer Pläne für die Ewigkeit unseren Blick auf den Tod zu richten. Worauf diese Einleitung abzielt, fragst Du? Senecio Cornelius³, einen angesehenen und hilfsbereiten römischen Ritter, kanntest Du. Aus kleinen Anfängen war er durch eigene Kraft aufgestiegen, und schon war für ihn der Weg zu weiteren Zielen geebnet. Denn leichter fällt die Steigerung der Anerkennung als ihre Begründung. (2) Auch der Erwerb eines Vermögens ist von bescheidenen Verhältnissen aus mit vielfältigen Hindernissen verbunden. Bis sich einer endlich aus ihnen herausarbeitet, tut er sich schwer. Schon griff Senecio nach Reichtum, zu dem ihn zwei überaus wirkungsvolle Voraussetzungen führten, die Fähigkeit zum Erwerb und zu dessen Erhaltung. Schon eine dieser Fähigkeiten hätte ihn zu einem wohlhabenden Mann machen können. (3) Dieser, ein Mann von größter Schlichtheit⁴, auf seinen Besitz nicht weniger bedacht als auf sein Äußeres, wurde, nachdem er mich noch am Morgen wie gewohnt aufgesucht hatte, nachdem er den ganzen Tag über einem schwer erkrankten und hoffnungslos darniederliegenden Freund bis in die Nacht hinein zur Seite gewesen war und in gelöster Stimmung gespeist hatte, von einer Krankheit sogleich lebensbedrohenden Ausmaßes, einem Anginaanfall, gepackt, seine Atemwege verengten sich, der Atem stockte, und nur mit Mühe überlebte er bis zum Tagesanbruch. Innerhalb ganz weniger Stunden verschied er also, nachdem er alle Aufgaben eines gesunden Mannes im Vollbesitz seiner Kräfte erfüllt hatte.⁵ (4) Er, der übers Meer hinweg und auf dem Festland seine Geldgeschäfte vorantrieb, der keine Art von Erwerb unversucht

linquens inexpertum genus quaestus accesserat, in ipso actu bene cedentium rerum, in ipso procurrentis pecuniae impetu raptus est.

Insere nunc, Meliboee, piros, pone [in] ordine vites.

Quam stultum est aetatem disponere ne crastini quidem dominum! o quanta dementia est spes longas inchoantium: emam, aedificabo, credam, exigam, honores geram, tum deinde lassam et plenam senectutem in otium referam. (5) Omnia, mihi crede, etiam felicibus dubia sunt; nihil sibi quisquam de futuro debet promittere; id quoque quod tenetur per manus exit et ipsam quam premimus horam casus incidit. Volvitur tempus rata quidem lege, sed per obscurum: quid autem ad me an naturae certum sit quod mihi incertum est? (6) Navigationes longas et pererratis litoribus alienis seros in patriam reditus proponimus, militiam et castrensium laborum tarda manipretia, procurationes officiorumque per officia processus, cum interim ad latus mors est, quae quoniam numquam cogitatur nisi aliena, subinde nobis ingeruntur mortalitatis exempla non diutius quam dum miramur haesura. (7) Quid autem stultius quam mirari id ullo die factum quod omni potest fieri? Stat quidem terminus nobis ubi illum inexorabilis fatorum necessitas fixit, sed nemo scit nostrum quam prope versetur a termino; sic itaque formemus animum tamquam ad extrema ventum sit.

ließ und auch an Staatsaufträge herangekommen war, wurde mitten im Betreiben seiner günstig verlaufenden Unternehmungen, mitten im Drang sich zügig entwickelnder Geldgeschäfte aus dem Leben gerissen.

> Jetzt, Meliboeus, jetzt pfropfe den Birnbaum, setz
> Deine Reben.⁶

Wie töricht⁷ ist es, die Lebenszeit einzuteilen, ohne auch nur über den morgigen Tag Herr zu sein. Ach, was ist dies für ein Wahnwitz derer, die ihre Hoffnung in die Ferne richten! Kaufen werde ich, bauen, Kredit geben, Erträge eintreiben und Ämter führen, dann endlich mein müdes und erfülltes Alter der Muße widmen. (5) Alles ist – glaube mir! – auch für die Erfolgreichen unsicher. Keiner darf sich etwas für die Zukunft versprechen. Auch das, was man festhält, zerrinnt einem zwischen den Fingern, und sogar die Stunde, nach der wir greifen, schneidet der Zufall ab. Zwar nimmt die Zeit nach festgelegtem Gesetz ihren Lauf, aber unbemerkt. Was aber geht es mich an, ob die Naturordnung sicher ist, was für mich unsicher ist. (6) Seereisen in die Ferne und späte Heimkehr nach ziellosen Fahrten an unbekannten Gestaden planen wir, Soldatendienst und späten Lohn für die Mühsale des Lagerlebens, Verwaltungsaufgaben und Vorankommen von Dienst zu Dienst, und dabei ist der Tod an unserer Seite. Da er immer nur bei anderen bedacht wird, bieten sich uns immer wieder Beispiele der Todesverfallenheit, die uns nur so lange gegenwärtig bleiben werden, wie wir davon betroffen sind. (7) Was aber ist törichter als darüber betroffen zu sein,⁸ daß dies an irgendeinem Tag geschehen ist, was an jedem geschehen könnte? Es steht gewiß für uns ein Ende da fest, wo es die unerbittliche Notwendigkeit des Schicksals auferlegt hat,⁹ aber niemand von uns weiß, wie weit entfernt er vom Ende ist. Daher wollen wir unseren Geist so unterweisen, als ob wir bis ans letzte Ziel gelangt wären. Wir wollen nichts aufschieben, Tag für Tag

Nihil differamus; cotidie cum vita paria faciamus. (8) Maximum vitae vitium est quod inperfecta semper est, quod [in] aliquid ex illa differtur. Qui cotidie vitae suae summam manum inposuit non indiget tempore; ex hac autem indigentia timor nascitur et cupiditas futuri exedens animum. Nihil est miserius dubitatione venientium quorsus evadant; quantum sit illud quod restat aut quale sollicita mens inexplicabili formidine agitatur. (9) Quo modo effugiemus hanc volutationem? Uno: si vita nostra non prominebit, si in se colligitur; ille enim ex futuro suspenditur cui inritum est praesens. Ubi vero quidquid mihi debui redditum est, ubi stabilita mens scit nihil interesse inter diem et saeculum, quidquid deinceps dierum rerumque venturum est ex alto prospicit et cum multo risu seriem temporum cogitat. Quid enim varietas mobilitasque casuum perturbabit, si certus sis adversus incerta? (10) Ideo propera, Lucili mi, vivere, et singulos dies singulas vitas puta. Qui hoc modo se aptavit, cui vita sua cotidie fuit tota, securus est: in spem viventibus proximum quodque tempus elabitur, subitque aviditas et miserrimus ac miserrima omnia efficiens metus mortis. Inde illud Maecenatis turpissimum votum quo et debilitatem non recusat et deformitatem et novissime acutam crucem, dummodo inter haec mala spiritus prorogetur:

(11)   debilem facito manu,
      debilem pede coxo,

wollen wir mit dem Leben abrechnen. (8) Der größte Fehler des Lebens ist es, daß es stets unvollkommen ist und daß ein Teil von ihm aufgeschoben wird. Wer täglich die letzte Hand an sein Leben angelegt hat,[10] der hat nicht Mangel an Zeit. Aus diesem Mangel aber entstehen Furcht und auf die Zukunft gerichtete Begehrlichkeit, die die Seele verzehrt. Nichts ist kläglicher als die Unsicherheit darüber, wie kommende Ereignisse ausgehen. Über der Sorge, wieviel Zeit verbleibt und unter welchen Umständen, wird unser Geist von unheilvollem Schrecken beunruhigt. (9) Wie werden wir diesem Umhergetriebensein entgehen? Nur so: wenn unser Leben sich nicht auf die Zukunft ausrichtet, sondern sich sammelt. Der hängt ja von der Zukunft ab, dem die Gegenwart nichts gilt. Sobald aber alles, was ich mir schulde, abgeleistet ist, sobald der Geist, in sich gefestigt, weiß, daß es keinen Unterschied zwischen einem Tag und einem Jahrhundert gibt, richtet er seinen Blick auf alle nach und nach kommenden Tage und Ereignisse von einer erhabenen Warte aus[11] und denkt mit überlegenem Lächeln über die Abfolge der Zeit nach. Denn welchen Aufruhr wird der Wandel und Wechsel zufälliger Ereignisse verursachen, wenn Du Dir sicher bist gegen Unsicheres.[12] (10) Deshalb beeile Dich, mein Lucilius, Dein Leben zu leben und halte jeden Tag für je ein eigenes Leben! Wer sich so gewappnet hat, wer täglich ganz über sein Leben verfügt, der ist sorglos[13]. Denen, die auf Hoffnung hin leben, entgleitet gerade der nächste Augenblick, es stellt sich Lebenshunger ein sowie erbärmlichste und alle schlimmsten Erbärmlichkeiten verursachende Furcht vor dem Tod. Daher kommt jenes ganz ehrlose Gebet des Mäcenas[14], in dem er nicht Verstümmelung, nicht Verunstaltung, schließlich auch nicht das Marterkreuz von sich weist, nur damit inmitten dieses Leides sein Lebensatem verlängert werde.

(11)   Verstümmle mir die Hand,
     verstümmle mir Fuß und Hüfte,

> tuber adstrue gibberum,
> lubricos quate dentes:
> vita dum superest, benest;
> hanc mihi, vel acuta
> si sedeam cruce, sustine.

(12) Quod miserrimum erat si incidisset optatur, et tamquam vita petitur supplicii mora. Contemptissimum putarem si vivere vellet usque ad crucem: 'tu vero' inquit 'me debilites licet, dum spiritus in corpore fracto et inutili maneat; depraves licet, dum monstroso et distorto temporis aliquid accedat; suffigas licet et acutam sessuro crucem subdas': est tanti vulnus suum premere et patibulo pendere districtum, dum differat id quod est in malis optimum, supplicii finem? est tanti habere animam ut agam? (13) Quid huic optes nisi deos faciles? quid sibi vult ista carminis effeminati turpitudo? quid timoris dementissimi pactio? quid tam foeda vitae mendicatio? Huic putes umquam recitasse Vergilium:

> usque adeone mori miserum est?

Optat ultima malorum et quae pati gravissimum est extendi ac sustineri cupit: qua mercede? scilicet vitae longioris. Quod autem vivere est diu mori? (14) Invenitur aliquis qui velit inter supplicia tabescere et perire membratim et totiens per stilicidia emittere animam quam semel exhalare? Invenitur qui velit adactus ad illud infelix lignum, iam debilis,

> einen bucklignen Höcker setz mir auf,
> schlag mir die wackligen Zähne aus:
> Solang mir das Leben bleibt, ist's gut.
> Dieses erhalte mir, auch wenn ich
> am Marterkreuz hänge!

(12) Was – hätte ein Unglücksfall es gefügt – die erbärmlichste Qual wäre, darauf richtet sich sein Wunsch, und als Leben wird eine Verlängerung der Qual erbeten. Für ganz verächtlich hielte ich es, wenn er leben wollte bis zur Kreuzigung. »Du magst mich verstümmeln«, sagt er, »wenn nur Lebensatem im gebrochenen und unnützen Körper bleibt; Du magst mich verunstalten, wenn meiner monströsen Mißgestalt nur ein wenig Zeitgewinn zufällt; Du magst mich ans Kreuz schlagen und an den qualvollen Marterpfahl spannen«. Lohnt es, seine Wunde zu verschlimmern und – die Arme ausgespannt – am Marterpfahl zu hängen, nur damit er das aufschiebe, was im Unheil das Beste ist, das Ende der Todespein? Lohnt es, den Lebensatem noch zu behalten, damit ich ihn aushauche? (13) Was möchtest Du ihm anderes wünschen als gnädige Götter? Worauf will diese Würdelosigkeit eines weibischen Gedichtes hinaus? Worauf ein von wahnwitziger Furcht eingegangenes Abkommen? Worauf so abstoßende Bettelei um das Leben? Kannst Du Dir vorstellen, Vergil habe ihm je diesen Vers vorgetragen:[15]

> Ist denn zu sterben so schlimm?

Er wünscht das äußerste Maß an Leid, und was zu ertragen schlimmste Beschwer ist, das möchte er in die Länge ziehen und ertragen. Um welchen Lohn? Natürlich um den eines längeren Lebens.[16] Was ist das für ein Leben, lange zu sterben? (14) Findet sich einer, der unter Todesqualen dahinsiechen, Glied um Glied absterben und so oft wie in kleinen Tropfen sein Leben aufgeben wollte, anstatt es mit einem Male auszuhauchen? Findet sich einer, der an jenes unselige

iam pravus et in foedum scapularum ac pectoris tuber elisus, cui multae moriendi causae etiam citra crucem fuerant, trahere animam tot tormenta tracturam? Nega nunc magnum beneficium esse naturae quod necesse est mori. (15) Multi peiora adhuc pacisci parati sunt: etiam amicum prodere, ut diutius vivant, et liberos ad stuprum manu sua tradere, ut contingat lucem videre tot consciam scelerum. Excutienda vitae cupido est discendumque nihil interesse quando patiaris quod quandoque patiendum est; quam bene vivas referre, non quam diu; saepe autem in hoc esse bene, ne diu. Vale.

Marterholz geschlagen, schon verstümmelt, schon entstellt, Schulter und Brust zu einem monströsen Buckel verzerrt, der auch ohne das Kreuz viele Gründe zu sterben hatte, sein Leben verlängern wollte, das so viele Qualen verlängern wird?[17] Leugne jetzt, daß die Unausweichlichkeit des Todes eine große Wohltat der Natur ist![18] (15) Viele sind zu noch schlimmeren Abmachungen bereit: sogar einen Freund zu verraten, damit sie länger leben, und mit eigener Hand ihre Kinder der Prostitution preiszugeben, damit es ihnen zufällt, die Sonne zu sehen, die Zeugin so vieler Verbrechen. Man muß die Lebensgier abschütteln und lernen, daß es nicht wichtig ist, wann Du erleidest, was Du irgendeinmal erleiden mußt; daß es darauf ankommt, wie gut Du lebst, nicht wie lange; daß aber oft ein gutes Leben darin beruht, nicht lange zu leben.
Lebe wohl!

Epistula CII

Seneca Lucilio suo salutem

(1) Quomodo molestus est iucundum somnium videnti qui excitat (aufert enim voluptatem etiam si falsam, effectum tamen verae habentem) sic epistula tua mihi fecit iniuriam; revocavit enim me cogitationi aptae traditum et iturum, si licuisset, ulterius. (2) Iuvabat de aeternitate animarum quaerere, immo mehercules credere; praebebam enim me facilem opinionibus magnorum virorum rem gratissimam promittentium magis quam probantium. Dabam me spei tantae, iam eram fastidio mihi, iam reliquias aetatis infractae contemnebam in immensum illud tempus et in possessionem omnis aevi transiturus, cum subito experrectus sum epistula tua accepta et tam bellum somnium perdidi. Quod repetam, si te dimisero, et redimam.

(3) Negas me epistula prima totam quaestionem explicuisse in qua probare conabar id quod nostris placet, claritatem quae post mortem contingit bonum esse. Id enim me non solvisse quod opponitur nobis: 'nullum' inquiunt 'bonum ex distantibus; hoc autem ex distantibus constat.' (4) Quod interrogas, mi Lucili, eiusdem quaestionis est loci alterius, et ideo non id tantum sed alia quoque eodem pertinentia distuleram; quaedam enim, ut scis, moralibus rationalia inmixta sunt. Itaque illam partem rectam et ad mores perti-

102. Brief

Seneca grüßt seinen Lucilius

(1) Wie einer, der uns aus einem schönen Traum aufweckt, lästig ist – er nimmt uns ja ein, wenn auch nur eingebildetes, so doch in seiner Auswirkung als wirklich sich darstellendes Vergnügen –, ebenso hat mich Dein Brief verletzt; hat er mich doch aufgestört, als ich einem dem Traum angemessenen Gedanken nachhing und diesen, wäre es möglich gewesen, weiter verfolgt hätte. (2) Ich fand meine Freude daran, die Frage nach der Unsterblichkeit der Seelen zu stellen, ja – wahrhaftig! – an diese zu glauben. Ohne Widerstreben überließ ich mich den Lehrmeinungen großer Männer[1], die eine so überaus angenehme Aussicht mehr versprochen als bewiesen haben. Ich gab mich einer so großen Hoffnung hin, schon war ich mir selbst zum Überdruß, schon verwarf ich die verbleibenden Tage meines ungebeugten Alters, entschlossen, in jene unermeßliche Zeit und in den Besitz der ganzen Ewigkeit überzugehen, da erwachte ich plötzlich[2] durch den Erhalt Deines Briefes, und ein so schöner Traum war dahin. Ich werde ihn, wenn ich Dich abgefertigt habe, wieder aufnehmen und weiterträumen.[3]

(3) Du behauptest gleich am Anfang Deines Briefes, daß ich der Sache nicht ganz auf den Grund gegangen sei in der Untersuchung, in der ich mich zu beweisen bemühte, es sei – und das heißen unsere Leute gut – der Glanz des Namens,[4] der nach dem Tode zufällt, ein Gut. Den Einwand nämlich hätte ich nicht widerlegt, der gegen uns vorgebracht wird: »Kein Gut«, so behaupten sie, »besteht aus unterschiedlichen Teilen[5]. Dieser Nachruhm aber besteht aus solchen.«

(4) Deine Frage betrifft, mein Lucilius, einen anderen Punkt derselben Untersuchung, und deshalb hatte ich nicht nur diesen, sondern auch andere, dasselbe Thema betreffende Gesichtspunkte zurückgestellt. Einige Fragestellungen der Logik betreffen ja, wie Du weißt, auch die Ethik[6]. Deshalb

nentem tractavi, numquid stultum sit ac supervacuum ultra extremum diem curas transmittere, an cadant bona nostra nobiscum nihilque sit eius qui nullus est, an ex eo quod, cum erit, sensuri non sumus, antequam sit aliquis fructus percipi aut peti possit. (5) Haec omnia ad mores spectant; itaque suo loco posita sunt. At quae a dialecticis contra hanc opinionem dicuntur segreganda fuerunt et ideo seposita sunt. Nunc, quia omnia exigis, omnia quae dicunt persequar, deinde singulis occurram.

(6) Nisi aliquid praedixero, intellegi non poterunt quae refellentur. Quid est quod praedicere velim? quaedam continua corpora esse, ut hominem; quaedam esse composita, ut navem, domum, omnia denique quorum diversae partes iunctura in unum coactae sunt; quaedam ex distantibus, quorum adhuc membra separata sunt, tamquam exercitus, populus, senatus. Illi enim per quos ista corpora efficiuntur iure aut officio cohaerent, natura diducti et singuli sunt.

(7) Quid est quod etiamnunc praedicere velim? nullum bonum putamus esse quod ex distantibus constat; uno enim spiritu unum bonum contineri ac regi debet, unum esse unius boni principale. Hoc si quando desideraveris per se probatur: interim ponendum fuit, quia in ⟨nos⟩ nostra tela mittuntur.

(8) 'Dicitis' inquit 'nullum bonum ex distantibus esse; clari-

habe ich diesen unmittelbar die Ethik betreffenden Bereich behandelt, nämlich ob es töricht und sinnlos sei, über den letzten Lebenstag hinaus seine Sorgen auszudehnen, ob unsere Güter mit uns zugrunde gehen, ob nichts von dem bleibt, der nicht mehr existiert, oder ob von dem, was wir nicht wahrnehmen werden, sobald es ist, irgendein Nutzen erfaßt oder erstrebt werden kann, schon bevor es existiert.[7]
(5) Alle diese Fragen betreffen die Ethik. Deshalb sind sie auf den ihnen zukommenden Platz verwiesen.[8] Was aber von den Dialektikern gegen diese Lehrmeinung vorgetragen wird, dies war abzutrennen und wurde deshalb anderswohin verwiesen.[9] Jetzt werde ich, da Du eine umfassende Behandlung einforderst, einen Überblick über alle ihre Einwände geben, dann Einzelpunkten entgegengetreten.
(6) Wenn ich nicht einige Bemerkungen vorausschicke, wird man die Punkte, die von mir widerlegt werden, nicht verstehen können. Was will ich also vorausschicken? Einige Körper sind ein in sich geschlossenes Ganzes wie ein Mensch, andere sind zusammengesetzt wie ein Schiff, ein Haus und überhaupt alle Gegenstände, deren verschiedene Teile durch eine Verbindung zu einer Einheit zusammengefügt worden sind. Einige, deren Glieder noch getrennt sind, bestehen aus voneinander unabhängigen Körpern wie ein Heer, ein Volk und der Senat. Jene nämlich, durch die diese Körper gebildet werden, hängen durch Recht und Verpflichtung zusammen, von Natur aus aber sind sie getrennt und voneinander isoliert.[10] (7) Was will ich nun noch weiter vorausschicken? Wir halten nichts für ein Gut, das aus eigenständigen Einheiten besteht. Denn ein Gut muß von einem Geist zusammengehalten und geleitet werden, ein Gut muß ein einziges leitendes Prinzip haben. Wenn Du einmal den Beweis für diesen Grundsatz wünschst, dann ergibt er sich von selbst. Einstweilen ist er als Voraussetzung hinzunehmen, weil man unsere Waffen gegen uns selbst einsetzt.
(8) »Ihr behauptet«, sagt er, »daß kein Gut aus eigenständi-

tas autem ista bonorum virorum secunda opinio est. Nam quomodo fama non est unius sermo nec infamia unius mala existimatio, sic nec claritas uni bono placuisse; consentire in hoc plures insignes et spectabiles viri debent, ut claritas sit. Haec autem ex iudiciis plurium efficitur, id est distantium; ergo non est bonum.'

(9) 'Claritas' inquit 'laus est a bonis bono reddita; laus oratio, vox est aliquid significans; vox est autem, licet virorum sit ⟨bonorum, non⟩ bonum. Nec enim quidquid vir bonus facit bonum est; nam et plaudit et sibilat, sed nec plausum quisquam nec sibilum, licet omnia eius admiretur et laudet, bonum dicit, non magis quam sternumentum aut tussim. Ergo claritas bonum non est.'

(10) 'Ad summam dicite nobis utrum laudantis an laudati bonum sit: si laudati bonum esse dicitis, tam ridiculam rem facitis quam si adfirmetis meum esse quod alius bene valeat. Sed laudare dignos honesta actio est; ita laudantis bonum est cuius actio est, non nostrum qui laudamur: atqui hoc quaerebatur.'

(11) Respondebo nunc singulis cursim. Primum an sit aliquod ex distantibus bonum etiamnunc quaeritur et pars utraque sententias habet. Deinde claritas desiderat multa suffragia? potest et unius boni viri iudicio esse contenta: nos bonus bonos iudicat. (12) 'Quid ergo?' inquit 'et fama

gen Einheiten bestehe. Dieser Glanz des Namens aber ist die günstige Meinung sittlich guter Männer. Denn wie guter Ruf nicht die Nachrede eines einzelnen und übler Ruf nicht die schlechte Einschätzung eines einzelnen ist, so beruht auch nicht der Glanz des Namens darin, Anerkennung eines einzelnen Guten gefunden zu haben. Eine größere Zahl ausgezeichneter und würdevoller Leute muß darin übereinstimmen, damit der Glanz des Namens vorliege.[11] Dieser aber bildet sich infolge des Urteils einer größeren Zahl, d. h. eigenständiger Personen. Also liegt hier kein Gut vor.«

(9) »Der Glanz des Namens«, fährt er fort, »ist ein von Guten einem Guten zuerkanntes Lob.[12] Lob ist eine Rede, eine Aussage, die etwas bedeutet: Eine Aussage aber ist, sei es auch die von sittlich guten Leuten, kein Gut. Es ist ja nicht alles, was ein sittlich guter Mann tut, ein Gut. Denn er klatscht Beifall und zischt aus, aber niemand bezeichnet ein Beifallsklatschen oder Auszischen, mag er auch alles Tun eines guten Mannes bewundern und loben, als ein Gut, sowenig wie Niesen und Husten. Also ist ein glanzvoller Name kein Gut.«

(10) »Kurzum: sagt uns, ob da ein Gut des Lobenden oder des Gelobten vorliegt. Wenn ihr behauptet, es sei ein Gut des Gelobten, dann stellt ihr etwas ebenso Lächerliches an, wie wenn ihr behauptet, es sei mein Gut, daß ein anderer bei guter Gesundheit ist. Aber des Lobes Würdige zu loben ist eine sittliche Handlung. Deshalb liegt ein Gut dessen vor, der lobt, von dem die Handlung ausgeht, nicht ein Gut von uns, die wir gelobt werden. Dies aber war der Gegenstand der Untersuchung.«

(11) Ich werde nunmehr auf die einzelnen Einwände knapp antworten. Zunächst stellt sich noch die Frage, ob irgendein Gut aus Einzelelementen besteht. Das Für und Wider findet Zustimmung. Sodann: Bedarf Glanz des Namens überhaupt vielfacher Zustimmung? Kann er sich auch mit dem Urteil eines einzigen guten Mannes zufriedengeben? Uns beurteilt ein einziger guter Mann als gut. (12) »Wie«, wendet er

erit unius hominis existimatio et infamia unius malignus
sermo? Gloriam quoque' inquit 'latius fusam intellego; con-
sensum enim multorum exigit.' Diversa horum condicio est
et illius. Quare? quia si de me bene vir bonus sentit, eodem
loco sum quo si omnes boni idem sentirent; omnes enim, si
me cognoverint, idem sentient. Par illis idemque iudicium
est, aeque vero inficiscitur. Dissidere non possunt; ita pro
eo est ac si omnes idem sentiant, quia aliud sentire non possunt. (13) Ad gloriam aut famam non est satis unius opinio.
Illic idem potest una sententia quod omnium, quia omnium, si perrogetur, una erit: hic diversa dissimilium iudicia
sunt. Difficiles adsensus, dubia omnia invenies, levia, su-
specta. Putas tu posse unam omnium esse sententiam? non
est unius una sententia. Illic placet verum, veritatis una vis,
una facies est: apud hos falsa sunt quibus adsentiuntur.
Numquam autem falsis constantia est; variantur et dissi-
dent.

(14) 'Sed laus' inquit 'nihil aliud quam vox est, vox autem
bonum non est.' Cum dicunt claritatem esse laudem bonorum a bonis redditam, non ad vocem referunt sed ad sententiam. Licet enim vir bonus taceat sed aliquem iudicet
dignum laude esse, laudatus est. (15) Praeterea aliud est
laus, aliud laudatio, haec et vocem exigit; itaque nemo dicit
laudem funebrem sed laudationem, cuius officium oratione

ein, »guter Ruf ist die Wertschätzung eines einzigen Mannes, schlechter Ruf die bösartige Nachrede eines Einzigen?« »Auch den Ruhm«, bemerkt er weiter, »verstehe ich als etwas weiter Verbreitetes. Er setzt ja die Übereinstimmung vieler voraus.« Deren Ausgangslage ist anders als die des Einzelnen. Weshalb? Weil ich, wenn über mich ein guter Mann gut urteilt, in derselben Lage bin wie dann, wenn alle Guten ebenso über mich dächten. Denn es werden alle, wenn sie mich kennen, ebenso über mich denken. Sie haben ganz und gar dasselbe Urteil, es ist in gleicher Weise von der Wahrheit durchdrungen. Sie können gar nicht verschiedener Meinung sein. Deshalb ist dies gerade so, wie wenn alle dasselbe meinen, weil sie eine andere Meinung gar nicht haben können. (13) Für Ruhm und guten Ruf reicht die Wertschätzung eines Einzelnen nicht aus. In jedem Fall gilt eine Meinung dasselbe, wie die aller, weil die aller, wenn sie erfragt werden sollte, eine einzige sein wird, in diesem sind die Urteile unterschiedlicher Personen verschieden. Als schwierig wirst Du die Zustimmung, lauter Unschlüssigkeit, Leichtfertigkeit und Argwohn, finden. Glaubst Du, es könne da eine einzige Meinungsäußerung aller geben? Es gibt nicht eine Meinung eines Einzelnen. In jenem Fall hat das, was wahr ist, Zustimmung. Die Wahrheit hat nur eine einzige Bedeutung, nur ein Erscheinungsbild. Bei diesen ist das falsch, dem sie zustimmen. Niemals aber hat das, was falsch ist, Bestand, es wechselt und ist voller Widersprüche.
(14) »Aber das Lob«, wendet er ein, »ist nichts anderes als eine Äußerung, eine Äußerung aber ist kein Gut.« Wenn sie sagen, der Glanz des Namens sei ein von guten Menschen Guten zuerkanntes Lob, so beziehen sie dies nicht auf die Laut-, sondern auf die Urteilsäußerung. Mag ein sittlich guter Mann auch schweigen, aber doch urteilen, es sei einer des Lobes würdig, so ist er gelobt. (15) Überdies ist Lob etwas anderes als eine Lobrede. Letztere erfordert auch eine Äußerung. Deshalb spricht niemand von Lob auf einen Verstorbenen, sondern von einer Lobrede, deren Leistung in

constat. Cum dicimus aliquem laude dignum, non verba illi benigna hominum sed iudicia promittimus. Ergo laus etiam taciti est bene sentientis ac bonum virum apud se laudantis. (16) Deinde, ut dixi, ad animum refertur laus, non ad verba, quae conceptam laudem egerunt et in notitiam plurium emittunt. Laudat qui laudandum esse iudicat. Cum tragicus ille apud nos ait magnificum esse 'laudari a laudato viro', laude digno ait. Et cum aeque antiquus poeta ait 'laus alit artis', non laudationem dicit, quae corrumpit artes; nihil enim aeque et eloquentiam et omne aliud studium auribus deditum vitiavit quam popularis adsensio. (17) Fama vocem utique desiderat, claritas potest etiam citra vocem contingere contenta iudicio; plena est non tantum inter tacentis sed etiam inter reclamantis. Quid intersit inter claritatem et gloriam dicam: gloria multorum iudiciis constat, claritas bonorum.

(18) 'Cuius' inquit 'bonum est claritas, id est laus bono a bonis reddita? utrum laudati an laudantis?' Utriusque. Meum, qui laudor; quia natura me amantem omnium genuit, et bene fecisse gaudeo et gratos me invenisse virtutum interpretes laetor. Hoc plurium bonum est quod grati sunt, sed et meum; ita enim animo compositus sum ut aliorum bonum meum iudicem, utique eorum quibus ipse sum boni

einem Vortrag besteht. Wenn wir einen als des Lobes würdig benennen, dann versprechen wir ihm nicht wohlwollende Worte der Mitmenschen, sondern solche Urteile. Also liegt Lob auch dann vor, wenn einer seine gute Meinung nicht äußert, sondern einen guten Mann nur vor sich selbst lobt. (16) Ferner bezieht sich das Lob, wie ich sagte, auf den Geist, nicht auf Worte, die das gedachte Lob zum Ausdruck gebracht haben und zur Kenntnis von mehr Menschen bringen. Es lobt einer, der urteilt, es müsse gelobt werden. Wenn der bekannte Tragödiendichter vor uns sagt, es sei großartig »von einem gelobten Manne gelobt zu werden«, dann meint er »von einem des Lobes würdigen«. Und wenn entsprechend ein alter Dichter den Satz formuliert »Lob fördert die Künste«, dann gebraucht er nicht das Wort »Lobrede«, die doch die Künste verdirbt. Denn nichts schadet der Beredsamkeit sowie jeder anderen sich an das Gehör wendenden Tätigkeit in gleichem Maße wie die Zustimmung der Menge. (17) Der Ruf erfordert jedenfalls eine Äußerung, der Glanz des Namens kann auch ohne diese zufallen, weil er sich mit einem Urteil bescheidet. Er ist vollkommen nicht nur inmitten von Schweigen, sondern sogar bei Widerspruch. Welcher Unterschied zwischen dem Glanz des Namens und Ruhm besteht, dies will ich sagen: Der Ruhm beruht auf den Urteilen vieler,[13] der Glanz des Namens auf denen der Guten.

(18) »Für wen«, fragt er, »ist ein solcher Name ein Gut, d. h. ein von einem Guten einem Guten zugesprochenes Lob? Für den Spender oder den Empfänger des Lobes?« Für beide. Für mich, weil ich gelobt werde. Weil die Natur mich, mit Liebe zu allen Menschen ausgestattet, in die Welt gesetzt hat, freue ich mich, gut gehandelt zu haben, und ich bin beglückt darüber, dankbare Künder sittlichen Handelns gefunden zu haben. Es ist dies ein Gut einer größeren Zahl von Leuten, daß sie dankbar sind, aber auch das meine. Denn dies ist meine geistige Anlage, daß ich ein Gut anderer für das meine halte, jedenfalls das derjenigen, für die ich

causa. (19) Est istud laudantium bonum; virtute enim geritur; omnis autem virtutis actio bonum est. Hoc contingere illis non potuisset nisi ego talis essem. Itaque utriusque bonum est merito laudari, tam mehercules quam bene iudicasse iudicantis bonum est et eius secundum quem iudicatum est. Numquid dubitas quin iustitia et habentis bonum sit et autem sit eius cui debitum solvit? Merentem laudare iustitia est; ergo utriusque bonum est.

(20) Cavillatoribus istis abunde responderimus. Sed non debet hoc nobis esse propositum, arguta disserere et philosophiam in has angustias ex sua maiestate detrahere: quanto satius est ire aperta via et recta quam sibi ipsum flexus disponere quos cum magna molestia debeas relegere? Neque enim quicquam aliud istae disputationes sunt quam inter se perite captantium lusus. (21) Dic potius quam naturale sit in immensum mentem suam extendere. Magna et generosa res est humanus animus; nullos sibi poni nisi communes et cum deo terminos patitur. Primum humilem non accipit patriam, Ephesum aut Alexandriam aut si quod est etiamnunc frequentius accolis laetiusve tectis solum: patria est illi quodcumque suprema et universa circuitu suo cingit, hoc omne convexum intra quod iacent maria cum terris, intra quod aer humanis divina secernens etiam coniungit, in quo disposita tot numina in actus suos excubant. (22) Deinde artam aetatem sibi dari non sinit: 'omnes' inquit 'anni mei sunt;

selbst die Ursache des Guten bin. (19) Es ist dies ein Gut derer, die loben. Denn es wird durch Tugend verwirklicht. Jede Ausübung einer Tugend aber ist ein Gut. Jenen hätte dieses Gut nicht zufallen können, wenn ich nicht von solcher Art wäre. Deshalb ist es ein Gut beider, daß verdientermaßen Lob ausgesprochen wird – bei Gott –, ebenso wie gut geurteilt zu haben ein Gut des Urteilenden ist und desjenigen, zu dessen Gunsten geurteilt worden ist. Zweifelst Du etwa daran, daß Gerechtigkeit[14] ein Gut dessen ist, der sie hat, aber auch dessen, dem sie eine Schuld eingelöst hat? Einen aufgrund seines Verdienstes zu loben ist Gerechtigkeit. Also ist sie ein Gut beider.

(20) Auf diese Haarspaltereien dürften wir genügend geantwortet haben. Es darf aber nicht unser Ziel sein, uns in spitzfindigen Argumentationen zu ergehen und die Philosophie von ihrer Erhabenheit in diese Enge herabzuziehen.[15] Um wie viel besser ist es, eine offene und gerade Straße zu nehmen, als sich selbst verwinkelte Gassen auszusinnen, die Du mit großer Mühsal wiederfinden mußt! Es sind ja diese Diskussionen nichts anderes als Spielereien von Leuten, die einander geschickt in die Falle locken. (21) Sag vielmehr,[16] wie sehr es der Natur gemäß ist, seinen Geist auf die Unendlichkeit auszudehnen. Ein großer und erhabener Gegenstand ist der menschliche Geist. Er läßt sich nur die auch mit der Gottheit gemeinsamen Grenzen setzen.[17] Zunächst findet er sich nicht mit dem Vaterland in dieser Welt ab, mit Ephesos, mit Alexandreia oder sonst einem Ort, reicher an Einwohnern oder glanzvoller an Gebäuden. Vaterland ist für ihn das Gesamte, das Himmel und All in seinem Umfang umfaßt, dieses ganze Gewölbe, innerhalb dessen Meere mit Ländern liegen, innerhalb dessen der Äther Menschen- und Götterwelt trennt und zugleich verbindet und in dem so viele göttliche Wesen verteilt sich für ihre Aufgaben bereithalten. (22) Sodann findet er sich nicht damit ab, daß ihm eine beschränkte Lebenszeit zugeteilt wird. Er sagt: »Alle Lebensjahre gehören mir. Kein Zeitalter ist

nullum saeculum magnis ingeniis clusum est, nullum non cogitationi pervium tempus. Cum venerit dies ille qui mixtum hoc divini humanique secernat, corpus hic ubi inveni relinquam, ipse me diis reddam. Nec nunc sine illis sum, sed gravi terrenoque detineor.' (23) Per has mortalis aevi moras illi meliori vitae longiorique proluditur. Quemadmodum decem mensibus tenet nos maternus uterus et praeparat non sibi sed illi loco in quem videmur emitti iam idonei spiritum trahere et in aperto durare, sic per hoc spatium quod ab infantia patet in senectutem in alium maturescimus partum. Alia origo nos expectat, alius rerum status. (24) Nondum caelum nisi ex intervallo pati possumus. Proinde intrepidus horam illam decretoriam prospice: non est animo suprema, sed corpori. Quidquid circa te iacet rerum tamquam hospitalis loci sarcinas specta: transeundum est. Excutit redeuntem natura sicut intrantem. (25) Non licet plus efferre quam intuleris, immo etiam ex eo quod ad vitam adtulisti pars magna ponenda est: detrahetur tibi haec circumiecta, novissimum velamentum tui, cutis; detrahetur caro et suffusus sanguis discurrensque per totum; detrahentur ossa nervique, firmamenta fluidorum ac labentium. (26) Dies iste quem tamquam extremum reformidas aeterni natalis est. Depone onus: quid cunctaris, tamquam non prius quoque relicto in quo latebas corpore exieris? Haeres, reluctaris: tum quoque magno nisu matris expulsus es. Gemis, ploras: et hoc ipsum

großen Geistern verschlossen. Jede Zeit ist dem Denken zugänglich. Sobald jener Tag kommt, der diese Verbindung von Göttlichem und Menschlichem trennt, werde ich den Körper hier, wo ich ihn vorgefunden habe, zurücklassen und mein Selbst den Göttern zurückgeben.[18] Auch jetzt bin ich nicht ohne sie, aber Erdenschwere zieht mich hernieder.« (23) Dieses Verweilen in einer dem Tod verfallenen Zeit ist ein Vorspiel für jenes bessere und längere Leben. Wie uns der Mutterleib zehn Monate festhält und nicht für sich, sondern für jenen Ort vorbereitet, in den wir, wie es scheint, geschickt werden, schon in der Lage, zu atmen und in freier Luft zu überleben, so reifen wir durch die Lebensspanne hier, die vom Dasein des Kleinkindes bis zu dem des Greises reicht, einer anderen Geburt entgegen. Ein anderer Anfang erwartet uns, eine andere Form des Daseins.[19] (24) Noch können wir den Himmel nur aus der Entfernung ertragen. Schau deshalb furchtlos jener entscheidenden Stunde entgegen! Sie ist nicht für den Geist, sondern für den Körper die letzte. All die Gegenstände, die Dich umgeben, betrachte als Gepäck einer Reise in gastlichem Land. Dein Weg muß weiterführen. Bei Deiner Rückkehr nimmt die Natur alle Last von Dir wie bei der Geburt. (25) Du darfst nicht mehr forttragen, als Du mitgebracht hast, ja sogar von dem, was Du ins Leben mitgebracht hast, mußt Du einen großen Teil aufgeben. Es wird Dir diese Haut genommen werden, die Dich als äußerste Hülle umgibt. Genommen werden Dir die Muskeln und das Blut, das in ihnen fließt und den ganzen Körper durchströmt, genommen werden Dir die Knochen und die Sehnen, Halt der weichen Körperteile ohne Festigkeit. (26) Der Tag, den Du fürchtest, als sei er der letzte, ist der Geburtstag zu ewigem Dasein. Leg die Last von Dir! Warum zögerst Du, als hättest Du nicht auch früher den Körper, in dem Du verborgen warst, verlassen und wärest ans Licht gekommen? Unschlüssig bist Du? Du sträubst Dich? Auch damals wurdest Du durch eine große Anstrengung Deiner Mutter ausgetrieben. Du

flere nascentis est, sed tunc debebat ignosci: rudis et inperitus omnium veneras. Ex maternorum viscerum calido mollique fomento emissum adflavit aura liberior, deinde offendit durae manus tactus, tenerque adhuc et nullius rei gnarus obstipuisti inter ignota: (27) nunc tibi non est novum separari ab eo cuius ante pars fueris; aequo animo membra iam supervacua dimitte et istuc corpus inhabitatum diu pone. Scindetur, obruetur, abolebitur: quid contristaris? ita solet fieri: pereunt semper velamenta nascentium. Quid ista sic diligis quasi tua? Istis opertus es: veniet qui te revellat dies et ex contubernio foedi atque olidi ventris educat. (28) Huic nunc quoque tu quantum potes sub⟨duc te⟩ voluptatique nisi quae cum naturalibus necessariisque cohaerebit alienus iam hinc altius aliquid sublimiusque meditare: aliquando naturae tibi arcana retegentur, discutietur ista caligo et lux undique clara percutiet. Imaginare tecum quantus ille sit fulgor tot sideribus inter se lumen miscentibus. Nulla serenum umbra turbabit, aequaliter splendebit omne caeli latus: dies et nox aëris infimi vices sunt. Tunc in tenebris vixisse te dices cum totam lucem et totus aspexeris, quam nunc per angustissimas oculorum vias obscure intueris, et tamen admiraris illam iam procul: quid tibi videbitur divina lux cum illam suo loco videris? (29) Haec cogitatio nihil sordidum

stöhnst, klagst? Gerade dieses Jammern paßt zu einem Neugeborenen, aber damals mußte man ihm verzeihen. Unwissend und in völliger Ahnungslosigkeit bist Du gekommen. Aus dem warmen und weichen Schutz des Mutterleibes entlassen, traf Dich ein ganz freier Luftzug, dann verletzte Dich die Berührung einer harten Hand. Ein noch zartes und unschuldiges Wesen schautest Du staunend in eine unbekannte Umgebung. (27) Jetzt ist es für Dich nichts Neuartiges, von dem, dessen Teil Du vorher warst, getrennt zu werden. Mit Gelassenheit gib Deine nunmehr nutzlosen Glieder auf und leg diesen schon lange bewohnten Körper ab! Er wird verfallen, vergraben und aufgelöst werden. Warum bist Du bedrückt? Dies ist der Lauf der Welt. Die Fruchtblase geht mit der Geburt immer zugrunde. Warum liebst Du diese Körperlichkeit so, als wär's Dein Eigen? Sie hat Dich nur umhüllt. Es wird der Tag kommen, der Dich davon losreißt und Dich von der Zwangsgemeinschaft[20] mit dem abstoßenden und stinkenden Körper befreit. (28) Entziehe Dich ihr auch jetzt, soweit Du kannst, und der Lust entfremdet, außer einer, die mit natürlichen und notwendigen Lebensbedürfnissen zusammenhängt, richte schon von hier Deine Gedanken auf ein höheres und erhabeneres Ziel! Endlich werden Dir die Geheimnisse der Natur aufgedeckt,[21] wird dieser Nebel zerstreut werden und von allen Seiten wird strahlendes Licht auf Dich treffen. Stell Dir vor, wie überwältigend jene Lichtfülle[22] sein wird, wenn so zahlreiche Sterne ihre Leuchtkraft vereinen! Kein Schatten wird die Klarheit trüben. Gleichmäßig wird jeder Bereich des Himmels lichterfüllt sein. Tag und Nacht sind nur Abfolge des untersten Ätherbereiches. Dann wirst Du feststellen, daß Du in der Finsternis gelebt hast, wenn Du das ganze Licht in der Fülle Deines Daseins gesehen hast, das Du jetzt durch den sehr verengten Spalt Deiner Augen dunkel siehst und doch bereits aus der Ferne bewunderst.[23] Als was wird Dir das göttliche Licht erscheinen, wenn Du es an seinem Ort siehst? (29) Dieser Gedanke läßt keine gemeine Gesin-

animo subsidere sinit, nihil humile, nihil crudele. Deos rerum omnium esse testes ait; illis nos adprobari, illis in futurum parari iubet et aeternitatem proponere. Quam qui mente concepit nullos horret exercitus, non terretur tuba, nullis ad timorem minis agitur. (30) Quidni non timeat qui mori sperat? is quoque qui animum tamdiu iudicat manere quamdiu retinetur corporis vinculo, solutum statim spargi, id agit ut etiam post mortem utilis esse possit. Quamvis enim ipse ereptus sit oculis, tamen

> multa viri virtus animo multusque recursat
> gentis honos.

Cogita quantum nobis exempla bona prosint: scies magnorum virorum non minus praesentiam esse utilem quam memoriam. Vale.

nung sich im Geist festsetzen, keine Niedrigkeit und keine Gefühllosigkeit. Er lehrt uns, daß die Götter Zeugen allen Geschehens sind.[24] Er gebietet ihre Billigung zu suchen, uns mit dem Blick auf die Zukunft auf sie vorzubereiten und uns die Ewigkeit vor Augen zu halten. Wer diese in seinem Geist erfaßt hat, der fürchtet nicht Heere und erschrickt nicht vor der Kriegstrompete: durch keine Drohungen läßt er sich in Angst versetzen. (30) Wie sollte sich der ängstigen, der auf den Tod hofft? Auch derjenige, der urteilt, die Seele existiere nur so lange, wie sie in den Fesseln des Körpers festgehalten wird, aus ihr losgelöst, verflüchtige sie sich sogleich, betreibt dies, daß er auch nach dem Tode nützlich sein kann.[25] Gewiß, unserem Auge ist sie entrückt, aber:

> Immer erfüllt sie der Wert des Mannes und immer
> der Adel
> seines Geschlechts.[26]

Bedenke, wieviel uns gute Beispiele nützen, und Du wirst wissen, daß uns die Gegenwart großer Männer nicht weniger nützlich ist als die Erinnerung an sie.
Lebe wohl!

Epistula CIII

Seneca Lucilio suo salutem

(1) Quid ista circumspicis quae tibi possunt fortasse evenire sed possunt et non evenire? Incendium dico, ruinam, alia quae nobis incidunt, non insidiantur: illa potius vide, illa [vide] vita [illa] quae nos observant, quae captant. Rari sunt casus, etiamsi graves, naufragium facere, vehiculo everti: ab homine homini cotidianum periculum. Adversus hoc te expedi, hoc intentis oculis intuere; nullum est malum frequentius, nullum pertinacius, nullum blandius. (2) Tempestas minatur antequam surgat, crepant aedificia antequam corruant, praenuntiat fumus incendium: subita est ex homine pernicies [est], et eo diligentius tegitur quo propius accedit. Erras si istorum tibi qui occurrunt vultibus credis: hominum effigies habent, animos ferarum, nisi quod illarum perniciosus est primus incursus: quos transiere non quaerunt. Numquam enim illas ad nocendum nisi necessitas incitat; [hae] aut fame aut timore coguntur ad pugnam: homini perdere hominem libet. (3) Tu tamen ita cogita quod ex homine periculum sit ut cogites quod sit hominis officium; alterum intuere ne laedaris, alterum ne laedas. Commodis omnium laeteris, movearis incommodis, et memineris quae praestare debeas, quae cavere. (4) Sic vivendo quid consequaris? non te ne noceant, sed ne fallant. Quantum potes autem in phi-

103. Brief

Seneca grüßt seinen Lucilius

(1) Warum siehst Du Dich um vor dem Unglück, das Dich vielleicht treffen kann, aber auch nicht treffen kann?[1] Vor einem Brand meine ich, einem Hauseinsturz und anderen Geschehnissen, die zufälliger-, nicht tückischerweise über uns hereinbrechen. Sieh lieber auf das, entzieh Dich dem, was uns belauert, was uns überrascht! Selten sind zufällige Unglücksfälle, auch wenn sie niederschmetternd sind, wie ein Schiffsbruch, ein Sturz vom Reisewagen. Von einem Mitmenschen droht dem Menschen an jedem Tag Gefahr.[2] Dagegen rüste Dich! Darauf richte aufmerksam Deinen Blick! Kein Unglück ist häufiger, keines unerbittlicher und keines betörender. (2) Ein Unwetter droht, bevor es losbricht, Gebäude zeigen Risse, bevor sie einstürzen, und Rauch kündigt einen Brand an. Plötzlich erfolgt der Todesstoß eines Mitmenschen,[3] und um so sorgfältiger wird er getarnt, je näher er herankommt. Im Irrtum bist Du, wenn Du dem Mienenspiel derer, die Dir begegnen, traust. Sie haben das Aussehen von Menschen, den Instinkt reißender Tiere, nur daß bei jenen der erste Angriff tödlich ist. Wen sie sich haben entgehen lassen, dem stellen sie nicht weiter nach. Denn es treibt sie immer nur Not und Zwang dazu, Schaden zuzufügen. Hunger oder Furcht drängt sie zum Kampf. Dem Menschen bereitet es Lust, seinen Mitmenschen zu ruinieren.[4] (3) Du aber bedenke dies, welche Gefahr von Mitmenschen ausgeht, damit Du bedenken kannst, welche Aufgabe ein Mensch hat! Beobachte den einen, damit Du nicht verletzt wirst, den anderen, damit Du nicht verletzt! Über die glückliche Lage aller sollst Du voll Freude, über ihr Unglück beunruhigt sein und Dir vergegenwärtigen, was Du beisteuern und wovor Du Dich hüten mußt. (4) Was kannst Du wohl durch ein solches Leben erreichen? Nicht etwa, daß sie Dich nicht schädigen, sondern daß sie

losophiam recede: illa te sinu suo proteget, in huius sacrario eris aut tutus aut tutior. Non arietant inter se nisi in eadem ambulantes via. (5) Ipsam autem philosophiam non debebis iactare; multis fuit periculi causa insolenter tractata et contumaciter: tibi vitia detrahat, non aliis exprobret. Non abhorreat a publicis moribus nec hoc agat ut quidquid non facit damnare videatur. Licet sapere sine pompa, sine invidia. Vale.

Dich nicht täuschen. Zieh Dich aber, so gut du es vermagst, auf die Philosophie zurück. Sie wird Dich in ihrem Schoß bergen. In ihrem Heiligtum wirst Du sicher oder sicherer sein.[5] Es stoßen sich nur Leute an, die auf demselben Weg wandeln. (5) Gerade aber mit der Philosophie darfst Du nicht prahlen. Vielen war sie Ursache für Gefahr, weil sie mit Arroganz und Selbstgefälligkeit betrieben wurde.[6] Sie soll Laster von Dir nehmen, nicht anderen vorhalten. Sie soll nicht in Widerspruch stehen zur verbreiteten Lebensauffassung und nicht so vorgehen, daß sie alles zu verdammen scheint, was sie nicht tut. Man kann sich weise verhalten, ohne Zurschaustellung, ohne Anfeindung.
Lebe wohl!

Epistula CIV

Seneca Lucilio suo salutem

(1) In Nomentanum meum fugi – quid putas? urbem? immo febrem et quidem subrepentem; iam manum mihi iniecerat. Medicus initia esse dicebat motis venis et incertis et naturalem turbantibus modum. Protinus itaque parari vehiculum iussi; Paulina mea retinente exire perseveravi. Illud mihi in ore erat domini mei Gallionis, qui cum in Achaia febrem habere coepisset, protinus navem escendit clamitans non corporis esse sed loci morbum. (2) Hoc ego Paulinae meae dixi, quae mihi valetudinem meam commendat. Nam cum sciam spiritum illius in meo verti, incipio, ut illi consulam, mihi consulere. Et cum me fortiorem senectus ad multa reddiderit, hoc beneficium aetatis amitto; venit enim mihi in mentem in hoc sene et adulescentem esse cui parcitur. Itaque quoniam ego ab illa non inpetro ut me fortius amet, ⟨a me⟩ inpetrat illa ut me diligentius amem. (3) Indulgendum est enim honestis adfectibus; et interdum, etiam si premunt causae, spiritus in honorem suorum vel cum tormentis revocandus et in ipso ore retinendus est, cum bono viro vivendum sit non quamdiu iuvat sed quamdiu oportet: ille qui non uxorem, non amicum tanti putat ut diutius in vita commoretur, qui perseverabit mori, delicatus est. Hoc quoque imperet sibi animus, ubi utilitas suorum exigit, nec

104. Brief

Seneca grüßt seinen Lucilius

(1) Ich entfloh auf mein Nomentanum[1]. Wovor meinst Du? Vor der Großstadt? Aber nein! Vor einem Fieber, noch dazu einem schleichenden.[2] Schon hatte es die Hand auf mich gelegt.[3] Der Arzt sagte, es seien nur die ersten Anzeichen: unregelmäßiger, flatternder Puls, der den naturgegebenen Zustand des Organismus störe. Daher ließ ich sogleich einen Reisewagen bereitstellen. Wenngleich meine Paulina mich zurückzuhalten suchte, bestand ich auf der Abreise.[4] Es kam mir jenes Wort des Gallio[5], meines Herrn, auf die Lippen, als er in Achaia einem Fieber verfallen war, sich unverzüglich einschiffte mit dem Ausruf, das sei nicht eine Krankheit des Körpers, sondern des Ortes. (2) Dies sagte ich meiner Paulina, die mir immer meine Gesundheit ans Herz legt. Denn da ich weiß, daß sie wie in einem Atemzug mit mir lebt, beginne ich aus Sorge um sie für mich zu sorgen. Wenngleich mich das Alter vielem gegenüber furchtloser gemacht hat, verzichte ich auf diese Gunst vorgerückter Jahre. Es kommt mir nämlich in den Sinn, daß in diesem Alten immer noch ein Heranwachsender stecke, auf den man Rücksicht nimmt. Weil ich Paulina also nicht dazu bringe, in ihrer Liebe zu mir weniger ängstlich zu sein, bringt sie mich dazu, aus Eigenliebe mehr auf mich zu sehen. (3) Man muß ja Verständnis für selbstlose Zuneigung haben. Manchmal muß man, auch wenn dringende Gründe vorliegen, seinen Lebensatem aus Achtung für die Selbstlosigkeit der Seinen selbst unter Qual zurückhalten und noch auf den Lippen festhalten,[6] muß doch ein sittlich guter Mensch nicht so lange leben, wie es ihn freut, sondern solange es notwendig ist. Jener, der nicht seine Frau, seinen Freund so hoch schätzt, daß er länger am Leben bliebe, der weiter auf seinen Tod beharrt, ist ein Schwächling. Auch dieses Gebot erlege sich der Geist auf: Wenn der Vorteil der Angehörigen es er-

tantum si vult mori, sed si coepit, intermittat et ⟨se⟩ suis
commodet. (4) Ingentis animi est aliena causa ad vitam re-
verti, quod magni viri saepe fecerunt; sed hoc quoque summae humanitatis existimo, senectutem suam, cuius maximus
fructus est securior sui tutela et vitae usus animosior, atten-
tius ⟨curare⟩, si scias alicui id tuorum esse dulce, utile, opta-
bile. (5) Habet praeterea in se non mediocre ista res gaudium et mercedem; quid enim iucundius quam uxori tam
carum esse ut propter hoc tibi carior fias? Potest itaque
Paulina mea non tantum suum mihi timorem inputare sed
etiam meum.
(6) Quaeris ergo quomodo mihi consilium profectionis ces-
serit? Ut primum gravitatem urbis excessi et illum odorem
culinarum fumantium quae motae quidquid pestiferi vapo-
ris sorbuerunt cum pulvere effundunt, protinus mutatam
valetudinem sensi. Quantum deinde adiectum putas viribus
postquam vineas attigi? in pascuum emissus cibum meum
invasi. Repetivi ergo iam me; non permansit marcor ille corporis dubii et male cogitantis. Incipio toto animo studere.
(7) Non multum ad hoc locus confert nisi se sibi praestat
animus, qui secretum in occupationibus mediis si volet habebit: at ille qui regiones eligit et otium captat ubique quo
distringatur inveniet. Nam Socraten querenti cuidam quod
nihil sibi peregrinationes profuissent respondisse ferunt,

fordert, soll er, nicht nur wenn er sterben will, sondern auch wenn er schon im Sterben liegt, dabei innehalten und sich für die Seinen bereit halten. (4) Es beweist eine kraftvolle Geisteshaltung, um eines anderen willen zum Leben zurückzukehren, was große Männer oft getan haben. Aber auch darin sehe ich einen Beweis großer Menschlichkeit, für sein Alter, dessen bedeutsamster Ertrag die Wahrung seines Selbst mit größerer Gelassenheit und die Nutzung des Lebens mit mehr Mut ist, mit mehr Bedacht zu sorgen, wenn Du weißt: Dies ist irgendeinem der Deinen lieb, nützlich und wünschenswert. (5) Überdies bringt eine solche Haltung keine gewöhnliche Freude als Lohn. Denn was ist beglückender, als seiner Frau so lieb zu sein, daß Du Dir dann deshalb lieber wirst. Daher kann mir meine Paulina nicht nur für ihre, sondern auch für meine Furcht die Verantwortung aufladen.

(6) Du fragst also, welchen Gewinn mir mein Entschluß zur Abreise gebracht hat. Sobald ich die drückende Luft der Großstadt hinter mir gelassen hatte und jenen Gestank dampfender Küchen, die, einmal in Betrieb gesetzt, all den erstickenden Qualm, mit dem sie sich angefüllt haben, vermengt mit Staub ausstoßen,[7] da merkte ich sogleich die Besserung meiner Gesundheit. Wieviel Kraft, meinst Du, habe ich gewonnen, nachdem ich die Weinberge erreicht hatte. Auf die Weide gelassen, fiel ich übers Futter her. Ich fand also bereits wieder zu mir. Es blieb mir nicht die bisherige Kraftlosigkeit, Folge des labilen Körperzustandes eines Menschen, der schlimmen Gedanken nachhängt. Ich beginne, mit der ganzen Geisteskraft zu arbeiten. (7) Dazu trägt der Aufenthaltsort nicht viel bei, wenn der Geist nicht seine Unabhängigkeit zeigt, der sich – will er nur – mitten in Betriebsamkeit einen Ort der Zurückgezogenheit bewahrt. Jener dagegen, der nur Erholungsorte auswählt und der Muße nachjagt, wird überall Anlaß zu Sorge finden. So soll Sokrates einem, der sich beklagte, Reisen hätten ihm nichts gebracht, geantwortet haben:[8] »Das geschah Dir ge-

'non inmerito hoc tibi evenit; tecum enim peregrinabaris'.
(8) O quam bene cum quibusdam ageretur, si a se aberrarent! Nunc premunt se ipsi, sollicitant, corrumpunt, territant. Quid prodest mare traicere et urbes mutare? si vis ista quibus urgueris effugere, non aliubi sis oportet sed alius. Puta venisse te Athenas, puta Rhodon; elige arbitrio tuo civitatem: quid ad rem pertinet quos illa mores habeat? tuos adferes. (9) Divitias iudicabis bonum: torquebit te paupertas, quod est miserrimum, falsa. Quamvis enim multum possideas, tamen, quia aliquis plus habet, tanto tibi videris defici quanto vinceris. Honores iudicabis bonum: male te habebit ille consul factus, ille etiam refectus; invidebis quotiens aliquem in fastis saepius legeris. Tantus erit ambitionis furor ut nemo tibi post te videatur si aliquis ante te fuerit. (10) Maximum malum iudicabis mortem, cum (in) illa nihil sit mali nisi quod ante ipsam est, timeri. Exterrebunt te non tantum pericula sed suspiciones; vanis semper agitaberis. Quid enim proderit

> evasisse tot urbes
> Argolicas mediosque fugam tenuisse per hostis?

Ipsa pax timores sumministrabit; ne tutis quidem habebitur fides consternata semel mente, quae ubi consuetudinem pavoris inprovidi fecit, etiam ad tutelam salutis suae inhabilis est. Non enim vitat sed fugit; magis autem periculis pate-

rade recht; Du warst ja mit Dir selbst unterwegs.« (8) Ach, wie gut erginge es manchen, wenn sie einmal von sich Abstand gewännen! So aber bedrücken, beunruhigen, schaden und erschrecken sie sich selbst. Was nützt es, das Meer zu durchmessen und von Stadt zu Stadt zu reisen? Wenn Du vor Deinen Bedrängnissen fliehen willst, dann mußt Du nicht anderswo, sondern ein anderer sein. Nimm an, Du seist nach Athen gekommen oder nach Rhodos![9] Wähl Dir die Bürgerschaft nach Belieben aus! Was macht es aus, welche sittlichen Werte jene hat. Du wirst Deine eigenen Vorstellungen davon mitbringen. (9) Reichtum wirst Du für ein Gut erachten. Es wird Dich das Wahnbild der Armut quälen, was das schlimmste Elend ist. Denn magst Du auch noch so viel besitzen, so fehlt Dir doch nach Deiner Vorstellung, eben weil ein anderer mehr hat, so viel, wie Du hinter ihm zurückbleibst. Ehrenämter wirst Du für ein Gut erachten. Einen harten Schlag wird Dir die Wahl jenes, die Wiederwahl auch noch jenes anderen zum Konsul versetzen. Neidisch wirst Du jedesmal, wenn Du irgendeinen häufiger in den Beamtenlisten liest. So groß wird die Verblendung Deines Ehrgeizes sein, daß Du glaubst, niemand stehe hinter Dir, wenn auch nur irgendeiner vor Dir war. (10) Als das größte Übel wirst Du den Tod[10] erachten, wenngleich an ihm kein Übel ist außer dem, das vor ihm ist: die Furcht vor ihm. Es werden Dich nicht nur Gefahren, sondern böse Ahnungen schrecken. Angstphantasien werden Dich immer verfolgen. Denn was nützt es:

> so vielen argolischen Städten
> glücklich entronnen zu sein und entflohn der Feinde
> Umzinglung?[11]

Sogar der Friede wird Ängste bringen. Auch einem sicheren Hort schenkt ein einmal verstörtes Gemüt kein Vertrauen, das, wenn es sich Ängstlichkeit vor Unvorhersehbarem zur Gewohnheit gemacht hat, sogar zum Schutz des eigenen Lebens unfähig ist. Denn es meidet nicht, sondern flieht.[12]

mus aversi. (11) Gravissimum iudicabis malum aliquem ex his quos amabis amittere, cum interim hoc tam ineptum erit quam flere quod arboribus amoenis et domum tuam ornantibus decidant folia. Quidquid te delectat aeque vide, ut videres, cum virent: utere! Alium alio die casus excutiet, sed quemadmodum frondium iactura facilis est quia renascuntur, sic istorum quos amas quosque oblectamenta vitae putas esse damnum, quia reparantur etiam si non renascuntur. (12) 'Sed non erunt eidem.' Ne tu quidem idem eris. Omnis dies, omnis hora te mutat; sed in aliis rapina facilius apparet, hic latet, quia non ex aperto fit. Alii auferuntur, at ipsi nobis furto subducimur. Horum nihil cogitabis nec remedia vulneribus oppones, sed ipse tibi seres sollicitudinum causas alia sperando, alia desperando? Si sapis, alterum alteri misce: nec speraveris sine desperatione nec desperaveris sine spe.
(13) Quid per se peregrinatio prodesse cuiquam potuit? Non voluptates illa temperavit, non cupiditates refrenavit, non iras repressit, non indomitos amoris impetus fregit, nulla denique animo mala eduxit. Non iudicium dedit, non discussit errorem, sed ut puerum ignota mirantem ad breve tempus rerum aliqua novitate detinuit. (14) Ceterum inconstantiam mentis, quae maxime aegra est, lacessit, mobiliorem levioremque reddit ipsa iactatio. Itaque quae petierant cupidissime loca cupidius deserunt et avium modo transvo-

Mehr aber sind wir auf dem Rückzug Gefahren ausgesetzt.
(11) Für das bedrückendste Übel wirst Du es erachten, irgendeinen von denen zu verlieren, die Du liebst.[13] Dabei ist dies so töricht wie darüber zu weinen, daß von schönen Bäumen, Zierstücken Deines Hauses, die Blätter fallen. Betrachte alles, was Dir Freude macht, gerade so, wie wenn Du es sähest, während es blüht! Genieße es! Der Zufall rafft den einen an diesem Tag, den anderen an jenem dahin, aber wie der Verlust von Laub leicht zu ertragen ist, weil es nachwächst, so ist es mit dem Verlust derer, die Du liebst und die nach Deinem Urteil die Beglückung Deines Lebens sind, weil sie ersetzt werden, auch wenn sie nicht neugeboren werden.[14] (12) »Aber es werden nicht dieselben sein.« Auch Du wirst nicht derselbe sein. Jeder Tag, jede Stunde ändert Dich.[15] Aber bei anderen ist dieser raffende Zugriff leichter sichtbar, hier bleibt er verborgen, weil er nicht offen erfolgt. Andere werden uns entrissen, dagegen gehen wir selbst uns ganz unbemerkt verloren. All dies wirst Du nicht bedenken und auch keine Heilmittel gegen Verwundungen anwenden, sondern Du wirst Dir selbst die Ursachen Deiner Betrübnis schaffen, indem Du bald Hoffnung hegst, bald sie aufgibst. Wenn Du Dich weise verhältst,[16] verbinde beides. Heg Hoffnung nicht ohne Hoffnungslosigkeit und sei nicht hoffnungslos ohne Hoffnung!
(13) Was kann einem Reisen an sich nützen? Es mäßigt nicht unsere Vergnügungssucht, zügelt nicht unsere Leidenschaften, unterdrückt nicht unseren Zorn, bändigt nicht unseren zügellosen Liebesdrang. Kurzum: es entfernt keinerlei Übel aus unserem Geist. Es verleiht nicht Urteilskraft, vertreibt nicht Irrtum, sondern hält Dich wie einen Jungen, der Unbekanntes bewundert, für kurze Zeit durch irgendeine Neuigkeit gefangen. (14) Überdies: gerade das Hin- und Hereilen verschlimmert die Unstetigkeit des Gemütes, die eine schwere Krankheit ist.[17] Sie steigert Haltlosigkeit und Oberflächlichkeit. Deshalb verlassen solche Leute die Orte geradezu leidenschaftlich, nach denen sie mit größter Lei-

lant citiusque quam venerant abeunt. (15) Peregrinatio notitiam dabit gentium, novas tibi montium formas ostendet, invisitata spatia camporum et inriguas perennibus aquis valles; alicuius fluminis ⟨singularem ponet⟩ sub observatione naturam, sive ut Nilus aestivo incremento tumet, sive ut Tigris eripitur ex oculis et acto per occulta cursu integrae magnitudinis redditur, sive ut Maeander, poetarum omnium exercitatio et ludus, implicatur crebris anfractibus et saepe in vicinum alveo suo admotus, antequam sibi influat, flectitur: ceterum neque meliorem faciet neque saniorem. (16) Inter studia versandum est et inter auctores sapientiae ut quaesita discamus, nondum inventa quaeramus; sic eximendus animus ex miserrima servitute in libertatem adseritur. Quamdiu quidem nescieris quid fugiendum, quid petendum, quid necessarium, quid supervacuum, quid iustum, quid iniustum, quid honestum, quid inhonestum sit, non erit hoc peregrinari sed errare. (17) Nullam tibi opem feret iste discursus; peregrinaris enim cum adfectibus tuis et mala te tua sequuntur. Utinam quidem sequerentur! Longius abessent: nunc fers illa, non ducis. Itaque ubique te premunt et paribus incommodis urunt. (18) Medicina aegro, non regio quaerenda est. Fregit aliquis crus aut extorsit articulum: non vehiculum navemque conscendit, sed advocat medicum ut fracta pars iungatur, ut luxata in locum reponatur. Quid ergo? animum tot locis fractum et extortum credis locorum

denschaft strebten. Sie fliegen wie Vögel vorüber und verschwinden schneller, als sie gekommen sind. (15) Reisen wird die Kenntnis von Völkern vermitteln,[18] wird Dir ungewöhnliche Gebirgsformationen zeigen, unserem Auge ungewohnte Weiten von Ebenen und von nichtversiegenden Bächen bewässerte Täler, wird die einzigartige Beschaffenheit irgendeines Flusses zum Gegenstand der Beobachtungen machen, wie der Nil im Sommer ansteigt und anschwillt, wie der Tigris sich unserem Blick entzieht, unter der Oberfläche seinen Lauf bahnt und in ungeminderter Größe wiederkehrt oder wie der Mäander, Übungsfeld für alle erdenklichen Dichter, in vielen engen Windungen seinen Weg sucht, sich oft seinem eigenen Flußbett wieder annähert und erst, bevor er in dieses mündet, abbiegt. Auf jeden Fall macht die Kenntnis davon weder besser noch vernünftiger. (16) In den Wissenschaften müssen wir uns betätigen und unter Wortführern der Weisheit wollen wir, um die gesuchte Erkenntnis zu gewinnen, noch nicht gefundene suchen. So wird der Geist, der elendester Knechtschaft zu entziehen ist, in Freiheit versetzt.[19] Solange Du aber nicht weißt, was zu meiden und zu erstreben ist, was notwendig und was überflüssig, was gerecht und ungerecht, was sittlich und was nicht sittlich ist, – solange wird dies nicht ein Reisen, sondern ein Umherirren sein.[20] (17) Dieses Eilen von Ort zu Ort wird Dir keine Hilfe bringen. Du reist nämlich mit Deinen Leidenschaften, und Deine Laster folgen Dir auf dem Fuß. Wenn sie Dir nur folgten! Sie wahrten größeren Abstand. So aber trägst Du sie mit Dir herum, lenkst sie nicht. Deshalb bedrängen sie Dich überall und quälen Dich mit gleichbleibenden Ärgernissen. (18) Nach einem Heilmittel muß ein Kranker suchen, nicht nach einem Ortswechsel. Es brach sich einer ein Bein, oder er hat sich ein Gelenk verrenkt. Da besteigt er nicht ein Fahrzeug oder ein Schiff, sondern er ruft den Arzt, damit die gebrochenen Knochen eingerichtet oder das verdrehte Gelenk eingerenkt wird. Wie? Du glaubst, ein so vielfach gebrochener und ver-

mutatione posse sanari? Maius est istud malum quam ut gestatione curetur. (19) Peregrinatio non facit medicum, non oratorem; nulla ars loco discitur: quid ergo? sapientia, ars omnium maxima, in itinere colligitur? Nullum est, mihi crede, iter quod te extra cupiditates, extra iras, extra metus sistat; aut si quod esset, agmine facto gens illuc humana pergeret. Tamdiu ista urguebunt mala macerabuntque per terras ac maria vagum quamdiu malorum gestaveris causas. (20) Fugam tibi non prodesse miraris? tecum sunt quae fugis. Te igitur emenda, onera tibi detrahe et [emenda] desideria intra salutarem modum contine; omnem ex animo erade nequitiam. Si vis peregrinationes habere iucundas, comitem tuum sana. Haerebit tibi avaritia quamdiu avaro sordidoque convixeris; haerebit tumor quamdiu superbo conversaberis; numquam saevitiam in tortoris contubernio pones; incendent libidines tuas adulterorum sodalicia. (21) Si velis vitiis exui, longe a vitiorum exemplis recedendum est. Avarus, corruptor, saevus, fraudulentus, multum nocituri si prope a te fuissent, intra te sunt. Ad meliores transi: cum Catonibus vive, cum Laelio, cum Tuberone. Quod si convivere etiam Graecis iuvat, cum Socrate, cum Zenone versare: alter te docebit mori si necesse erit, alter antequam necesse erit. (22) Vive cum Chrysippo, cum Posidonio: hi tibi tradent humanorum divinorumque notitiam, hi iubebunt in opere esse nec tantum scite loqui et in oblectationem audientium

renkter Geist könne durch Ortsveränderung geheilt werden? Größer ist dieses Laster, als daß es durch eine Vergnügungsreise geheilt werden könnte.[21] (19) Das Reisen macht keinen zum Arzt, keinen zum Redner. Man lernt keine Kunst durch Ortswechsel. Wie, die Weisheit, die allergrößte Kunst, liest man unterwegs auf? Es gibt, glaube mir, keinen Weg, der Dich aus Begierden, aus Zornausbrüchen und Befürchtungen herausführt. Wenn es einen gäbe, dann zöge die Menschheit in geschlossenem Zug dorthin. So lange werden diese Laster Dich auf Deiner ziellosen Reise über Länder und Meere bedrängen und auszehren, wie Du die Ursachen der Übel im Reisegepäck mitführst. (20) Daß Dir die Flucht nichts hilft, darüber wunderst Du Dich? Mit Dir trägst Du das, wovor Du fliehst. Bessere Dich also! Nimm Lasten von Dir und beschränke Deine Wünsche auf ein gesundes Maß! Tilge jegliche Nichtswürdigkeit aus Deinem Geist! Wenn Du angenehme Reisen haben willst, dann heile Deinen Weggefährten! Die Habsucht wird Dir bleiben, solange Du mit einem Habgierigen und Geizigen zusammen bist. Die Aufgeblasenheit wird Dir bleiben, solange Du mit einem Hochmütigen zusammen bist. Niemals wirst Du Grausamkeit in Gemeinschaft mit einem Henker ablegen. Deine Sinnlichkeit wird die Kumpanei mit Ehebrechern entflammen. (21) Wenn Du von Lastern loskommen willst, dann mußt Du Dich weit von den Vorbildern der Laster entfernen. Der Habgierige, der Verführer, der Grausame und der Betrüger, die, wären sie in Deiner Nähe, Dir sehr schadeten, sind in Dir. Wechsle in das Lager der Besseren! Lebe mit Leuten wie Cato, wie Laelius und Tubero![22] Wenn Du aber auch mit Griechen gern zusammenlebst, dann sei zusammen mit Sokrates oder Zenon![23] Der eine wird Dich lehren zu sterben, wenn dies unausweichlich, der andere, bevor es unausweichlich sein wird. (22) Leb mit Chrysippus, mit Posidonius.[24] Diese werden Dir die Kenntnis der göttlichen und menschlichen Gegenstände vermitteln, diese werden Dir befehlen, tätig zu sein, nicht gescheit daher-

verba iactare, sed animum indurare et adversus minas erigere. Unus est enim huius vitae fluctuantis et turbidae portus eventura contemnere, stare fidenter ac paratum tela fortunae adverso pectore excipere, non latitantem nec tergiversantem. (23) Magnanimos nos natura produxit, et ut quibusdam animalibus ferum dedit, quibusdam subdolum, quibusdam pavidum, ita nobis gloriosum et excelsum spiritum quaerentem ubi honestissime, non ubi tutissime vivat, simillimum mundo, quem quantum mortalium passibus licet sequitur aemulaturque; profert se, laudari et aspici credit. (24) ⟨Dominus⟩ omnium est, supra omnia est; itaque nulli se rei summittat, nihil illi videatur grave, nihil quod virum incurvet.

Terribiles visu formae, Letumque Labosque:

minime quidem, si quis rectis oculis intueri illa possit et tenebras perrumpere; multa per noctem habita terrori dies vertit ad risum.

Terribiles visu formae, Letumque Labosque:

(25) egregie Vergilius noster non re dixit terribiles esse sed visu, id est videri, non esse. Quid, inquam, in istis est tam formidabile quam fama vulgavit? quid est, obsecro te, Lucili, cur timeat laborem vir, mortem homo? Totiens mihi occurrunt isti qui non putant fieri posse quidquid facere non possunt, (26) et aiunt nos loqui maiora quam quae humana natura sustineat. At quanto ego de illis melius ex-

zureden und zum Ergötzen der Hörer große Worte zu schwingen, sondern den Geist abzuhärten und gegen Drohungen aufzurichten. Denn der einzige Hafen dieses Lebens im Drang der Wogen und Stürme ist es, nahende Ereignisse geringzuachten, selbstbewußt auf dem Posten zu sein und entschlossen den Pfeilen[25] des Schicksals mutig zu trotzen, ohne sich zu ducken oder ihnen den Rücken zuzukehren. (23) Mit Seelengröße[26] ausgestattet, hat uns die Natur geschaffen, und wie sie manchen Tieren Wildheit gab, manchen Tücke und manchen Furchtsamkeit, so uns einen nach Ruhm strebenden und erhabenen Geist, der sucht, wo er am sittlichsten, nicht wo er am sichersten lebt, ganz der Weltordnung verwandt, der er folgt, soweit es mit den Schritten der Sterblichen möglich ist, und nacheifert. Er zeigt sich, vertraut darauf, gelobt und bewundert zu werden. (24) Er ist Herr über alles, er steht über allem. Deshalb unterwerfe er sich keiner Gewalt, nichts scheine ihm zu schwer, nichts für derart, daß es einem Mann den Rücken beugen könnte.

Grause Scheingebilde, die Not- und Todesverachtung ...[27]

keineswegs, wenn einer mit festem Blick sie anschauen und die Finsternis durchdringen könnte. Vieles, was in der Nacht als schrecklich gilt, macht der Tag lächerlich.

Grause Scheingebilde, die Not- und Todesverachtung ...

(25) Treffend hat unser Vergil gesagt, sie seien nicht in Wahrheit schrecklich, sondern nur dem Scheine nach, d. h., sie schienen so, seien es aber nicht wirklich. Was, frage ich, ist an ihnen so grauenerregend, wie das Gerede der Menge sie hinstellt? Was ist, ich bitte Dich, Lucilius, der Grund, weshalb ein Mann Not, ein Mensch den Tod fürchten sollte? So oft begegnen mir diese, die meinen, es könne all das nicht verwirklicht werden, was sie nicht leisten können, (26) und die behaupten, wir verkündeten höhere Ziele, als die Menschennatur sie sich vornehmen könne. Ach, wie viel

istimo! ipsi quoque haec possunt facere, sed nolunt. Denique quem umquam ista destituere temptantem? cui non faciliora apparuere in actu? Non quia difficilia sunt non audemus, sed quia non audemus difficilia sunt.

(27) Si tamen exemplum desideratis, accipite Socraten, perpessicium senem, per omnia aspera iactatum, invictum tamen et paupertate, quam graviorem illi domestica onera faciebant, et laboribus, quos militares quoque pertulit. Quibus ille domi exercitus, sive uxorem eius moribus feram, lingua petulantem, sive liberos indociles et matri quam patri similiores sive aut in bello fuit aut in tyrannide aut in libertate bellis ac tyrannis saeviore. (28) Viginti et septem annis pugnatum est; post finita arma triginta tyrannis noxae dedita est civitas, ex quibus plerique inimici erant. Novissime damnatio est sub gravissimis nominibus impleta: obiecta est et religionum violatio et iuventutis corruptela, quam inmittere in deos, in patres, in rem publicam dictus est. Post haec carcer et venenum. Haec usque eo animum Socratis non moverant ut ne vultum quidem moverint. ⟨O⟩ illam mirabilem laudem et singularem! usque ad extremum nec hilariorem quisquam nec tristiorem Socraten vidit; aequalis fuit in tanta inaequalitate fortunae.

(29) Vis alterum exemplum? accipe hunc M. Catonem recentiorem, cum quo et infestius fortuna egit et pertinacius. Cui cum omnibus locis obstitisset, novissime et in morte,

besser urteile ich über sie! Auch sie selbst könnten dies leisten, aber sie wollen nicht. Kurzum: wen haben je diese Ziele bei seinem Versuch scheitern lassen? Wem erwiesen sie sich nicht als leichter erreichbar bei der Tat. Nicht weil sie schwierig sind, wagen wir uns nicht an sie, sondern weil wir uns nicht an sie heranwagen, sind sie schwierig.

(27) Wenn ihr aber ein Beispiel braucht,[28] dann nehmt Sokrates, einen leidgeprüften alten Mann, herumgetrieben in allen Klippen des Daseins, und dabei doch unbesiegt von Armut, die ihm familiäre Belastungen noch erschwerten, wie den Mühsalen, die er auch im Krieg ertrug. Von diesen wurde er zu Hause aufgerieben, sei es daß ich seine Frau anführe, mit ihrer Grobheit, ihrem losen Mundwerk oder seine uninteressierten, ihrer Mutter mehr als ihrem Vater ähnlichen Kinder, sei es daß er entweder im Krieg stand oder unter der Tyrannis oder in einer Freiheit, die schrecklicher als Krieg und Tyrannen war. (28) Siebenundzwanzig Jahre lang wurde gekämpft. Nach dem Ende der Waffengewalt wurde die Bürgerschaft dem Verbrechen von Tyrannen ausgeliefert, von denen die meisten ihm feindlich gesonnen waren. Schließlich wurde seine Verurteilung mit ganz niederschmetternden Anschuldigungen begründet. Es wurde ihm die Verletzung religiöser Vorstellungen vorgeworfen sowie Verderben der Jugend, die er gegen die Götter, gegen die Väter und gegen die Polis aufgehetzt haben soll. Es folgten Gefängnis und Giftbecher. Diese Schläge haben den Geist des Sokrates so wenig erschüttert, daß sie nicht einmal seinen Gesichtsausdruck veränderten. Oh, was für eine wundervolle, einzigartige Tugend war dies! Bis zu seinem letzten Atemzug sah niemand Sokrates heiterer oder bedrückter. Unverändert blieb er bei so großer Veränderung des Schicksals.

(29) Du willst ein weiteres Beispiel haben? Nimm unseren M. Cato[29], den Jüngeren, den das Schicksal feindlicher und unerbittlicher behandelt hat –. Während er sich ihm überall entgegengestellt hatte, zuletzt sogar im Tode, bewies er doch,

ostendit tamen virum fortem posse invita fortuna vivere, invita mori. Tota illi aetas aut in armis est exacta civilibus aut in pace concipiente iam civile bellum; et hunc licet dicas non minus quam Socraten in servis eluxisse nisi forte Cn. Pompeium et Caesarem et Crassum putas libertatis socios fuisse. (30) Nemo mutatum Catonem totiens mutata re publica vidit; eundem se in omni statu praestitit, in praetura, in repulsa, in accusatione, in provincia, in contione, in exercitu, in morte. Denique in illa rei publicae trepidatione, cum illinc Caesar esset decem legionibus pugnacissimis subnixus, totis exterarum gentium praesidiis, hinc Cn. Pompeius, satis unus adversus omnia, cum alii ad Caesarem inclinarent, alii ad Pompeium, solus Cato fecit aliquas et rei publicae partes. (31) Si animo conplecti volueris illius imaginem temporis, videbis illinc plebem et omnem erectum ad res novas vulgum, hinc optumates et equestrem ordinem, quidquid erat in civitate sancti et electi, duos in medio relictos, rem publicam et Catonem. Miraberis, inquam, cum animadverteris

Atriden Priamumque et saevom ambobus Achillen;

utrumque enim inprobat, utrumque exarmat. (32) Hanc fert de utroque sententiam: ait se, si Caesar vicerit, moriturum, si Pompeius, exulaturum. Quid habebat quod timeret qui ipse sibi et victo et victori constituerat quae constituta esse ab hostibus iratissimis poterant? Perit itaque ex decreto suo. (33) Vides posse homines laborem pati: per medias Africae

daß ein tapferer Mann auch gegen den Willen des Schicksals leben, gegen seinen Willen sterben kann. Er verbrachte sein ganzes Leben entweder im Bürgerkrieg oder in einem Frieden, der schon den Bürgerkrieg in sich trug, und Du kannst sagen, daß er nicht weniger als Sokrates unter Unfreien hervortrat, wenn Du nicht etwa glaubst, Cn. Pompeius, Caesar und Crassus seien Verbündete der Freiheit gewesen. (30) Niemand sah Cato verändert trotz der häufigen Veränderung des Gemeinwesens. Als derselbe erwies er sich in jeder Lage, bei der Prätur, bei seiner Wahlniederlage, auf der Anklagebank, in der Provinzverwaltung, in der Volksversammlung, im Heer und im Tod. Schließlich war bei der damaligen Zerrüttung des Gemeinwesens, als von der einen Seite Caesar drohte, auf zehn höchst kampferprobte Legionen gestützt, auf sämtliche Hilfstruppen fremder Völker, von der anderen Pompeius, als einziger Garant gegen alle Gefahren, als die einen Caesar zuneigten, die anderen Pompeius, da hat Cato allein wenigstens überhaupt noch eine Partei auch für das Gemeinwesen gebildet. (31) Wenn Du Dir im Geist ein umfassendes Bild jener Zeit machen möchtest, dann wirst Du auf der einen Seite die Plebs und den ganzen Pöbel sehen, bereit zum Umsturz, auf der anderen die Optimaten und den Ritterstand, all das, was in der Bürgerschaft ehrfurchtgebietend und elitär war, zwei auf sich gestellt in der Mitte, das Gemeinwesen und Cato. Du wirst Dich wundern, sage ich, wenn Du erkennst

Priamos und den Atriden, Achilleus im Zorne auf beide.[30]

In der Tat: beide lehnt er ab, beide sucht er zu entwaffnen. (32) Das folgende Urteil gibt er über beide ab: Wenn Caesar, meinte er, siegte, werde er sterben; wenn Pompeius, dann wolle er in der Verbannung leben. Welchen Grund, sich zu fürchten, hatte einer, der selbst für sich als Besiegten wie als Sieger festgesetzt hatte, was von seinen wütendsten Feinden festgesetzt sein konnte. Er fand deshalb den Tod aus eigenem Entschluß. (33) Du siehst, daß Menschen Mühsal ertra-

solitudines pedes duxit exercitum. Vides posse tolerari sitim: in collibus arentibus sine ullis inpedimentis victi exercitus reliquias trahens inopiam umoris loricatus tulit et, quotiens aquae fuerat occasio, novissimus bibit. Vides honorem et notam posse contemni: eodem quo repulsus est die in comitio pila lusit. Vides posse non timeri potentiam superiorum: et Pompeium et Caesarem, quorum nemo alterum offendere audebat nisi ut alterum demereretur, simul provocavit. Vides tam mortem posse contemni quam exilium: et exilium sibi indixit et mortem et interim bellum. (34) Possumus itaque adversus ista tantum habere animi, libeat modo subducere iugo collum. In primis autem respuendae voluptates: enervant et effeminant et multum petunt, multum autem a fortuna petendum est. Deinde spernendae opes: auctoramenta sunt servitutum. Aurum et argentum et quidquid aliud felices domos onerat relinquatur: non potest gratis constare libertas. Hanc si magno aestimas, omnia parvo aestimanda sunt. Vale.

gen können. Mitten durch die Wüsten Afrikas führte er zu Fuß sein Heer. Du siehst, es ist möglich, Durst zu ertragen. Auf ausgedörrten Anhöhen schleppte er ohne irgendeinen Troß die Reste seines geschlagenen Heeres dahin, ertrug in voller Panzerrüstung den Wassermangel, und sooft sich eine Wasserstelle bot, trank er als letzter. Du siehst, es ist möglich, Auszeichnung und Schimpf zu verachten. Am selben Tag, an dem er bei den Wahlen unterlag, spielte er auf dem Platz der Komitien Ball.[31] Du siehst, es ist möglich, die Macht des Stärkeren nicht zu fürchten. Pompeius und Caesar, von denen keiner dem anderen nahezutreten wagte, es sei denn, um den anderen für sich zu gewinnen, forderte er zugleich heraus. Du siehst, es ist möglich, den Tod ebenso zu verachten wie die Verbannung. Er erlegte sich Tod, Verbannung und dazwischen Kriegführung auf. (34) Deshalb können auch wir gegen dieses Unglück so viel Mut haben, wenn wir nur unseren Hals dem Joch entziehen wollen. In erster Linie aber müssen wir Vergnügungen verschmähen. Sie machen kraftlos und wehrlos und erfordern viel. Vieles aber muß man vom Schicksal fordern. Sodann muß man Reichtum von sich weisen: er ist ein Kontrakt für Formen von Unfreiheit.[32] Gold, Silber und all das, was sonst auf glücksgesegneten Palästen lastet, lasse man hinter sich zurück. Es ist nicht möglich, daß Freiheit nichts kostet.[33] Wenn Du diese hochschätzt, dann mußt Du alles gering achten.

Lebe wohl!

Epistula CV

Seneca Lucilio suo salutem

(1) Quae observanda tibi sint ut tutior vivas dicam. Tu tamen sic audias censeo ista praecepta quomodo si tibi praeciperem qua ratione bonam valetudinem in Ardeatino tuereris. Considera quae sint quae hominem in perniciem hominis instigent: invenies spem, invidiam, odium, metum, contemptum. (2) Ex omnibus istis adeo levissimum est contemptus ut multi in illo remedii causa delituerint. Quem quis contemnit, calcat sine dubio sed transit; nemo homini contempto pertinaciter, nemo diligenter nocet; etiam in acie iacens praeteritur, cum stante pugnatur.

(3) Spem inproborum vitabis si nihil habueris quod cupiditatem alienam et inprobam inritet, si nihil insigne possederis; concupiscuntur enim etiam parva, si parum nota sunt, si rara. Invidiam effugies si te non ingesseris oculis, si bona tua non iactaveris, si scieris in sinu gaudere. Odium aut est ex offensa (hoc vitabis neminem lacessendo) aut gratuitum, a quo te sensus communis tuebitur. Fuit hoc multis periculosum: quidam odium habuerunt nec inimicum. (4) Illud, ne timearis, praestabit tibi et fortunae mediocritas et ingenii lenitas: eum esse te homines sciant quem offendere sine periculo possint; reconciliatio tua et facilis sit et certa. Timeri

105. Brief

Seneca grüßt seinen Lucilius

(1) Was Du beachten mußt, damit Du sicherer lebst, das will ich Dir sagen. Du aber solltest, meine ich, diese Vorschriften[1] so anhören, wie wenn ich Dir vorschriebe, auf welche Weise Du Dir gute Gesundheit in der Gegend von Ardea[2] sicherst. Überlege, welche Gründe es sind, die einen Menschen zur Vernichtung eines Mitmenschen treiben.[3] Du wirst Hoffnung, Neid, Haß und Verachtung vorfinden. (2) Von ihnen allen hat die Verachtung so sehr die geringste Bedeutung, daß sich viele hinter ihr zur eigenen Rettung verschanzt haben. Wen einer verachtet, auf den tritt er ohne Zweifel ein, aber er geht doch über ihn hinweg. Niemand schadet einem verachteten Menschen fortwährend, niemand absichtlich. Auch im Kampfgetümmel eilt man an einem vorbei, der am Boden liegt, kämpft gegen den, der steht. (3) Die Hoffnung böswilliger Leute wirst Du nicht auf Dich lenken, wenn Du nichts hast, was die bösartige Begehrlichkeit anderer Leute erregt, und wenn Du keinen auffallenden Besitz hast. Das Begehren richtet sich ja auch auf Geringfügiges, wenn es nicht sonderlich bekannt, wenn es eine Rarität ist. Dem Neid wirst Du entgehen, wenn Du Dich nicht den Blicken aufdrängst, wenn Du mit Deinen Gütern nicht prahlst, wenn Du es verstehst, Dich im stillen zu freuen. Haß entsteht entweder aus einer Kränkung – dies wirst Du meiden, indem Du niemanden herausforderst –, oder er ist grundlos, wogegen Dich gesunder Menschenverstand sichern wird. Dieser ist vielen gefährlich gewesen. Manche haben Haß auf sich gezogen, ohne einen Feind zu haben. (4) Daß Du nicht gefürchtet wirst, dies werden Dir Mittelmäßigkeit des Vermögens und Sanftmut einbringen.[4] Die Leute sollen wissen, daß Du einer bist, den sie gefahrlos verletzen können. Die Aussöhnung mit Dir sei nicht schwierig und gewiß. Gefürchtet zu werden ist aber zu

autem tam domi molestum est quam foris, tam a servis quam a liberis: nulli non ad nocendum satis virium est. Adice nunc quod qui timetur timet: nemo potuit terribilis esse secure. (5) Contemptus superest, cuius modum in sua potestate habet qui illum sibi adiunxit, qui contemnitur quia voluit, non quia debuit. Huius incommodum et artes bonae discutiunt et amicitiae eorum qui apud aliquem potentem potentes sunt, quibus adplicari expediet, non inplicari, ne pluris remedium quam periculum constet.

(6) Nihil tamen aeque proderit quam quiescere et minimum cum aliis loqui, plurimum secum. Est quaedam dulcedo sermonis quae inrepit et eblanditur et non aliter quam ebrietas aut amor secreta producit. Nemo quod audierit tacebit, nemo quantum audierit loquetur; qui rem non tacuerit non tacebit auctorem. Habet unusquisque aliquem cui tantum credat quantum ipsi creditum est; ut garrulitatem suam custodiat et contentus sit unius auribus, populum faciet; sic quod modo secretum erat rumor est.

(7) Securitatis magna portio est nihil inique facere: confusam vitam et perturbatam inpotentes agunt; tantum metuunt quantum nocent, nec ullo tempore vacant. Trepidant enim cum fecerunt, haerent; conscientia aliud agere non patitur ac subinde respondere ad se cogit. Dat poenas quisquis expectat; quisquis autem meruit expectat. (8) Tutum aliqua

Hause ebenso beunruhigend wie außer Haus, von Sklaven ebenso wie von Freien. Jeder hat genügend Mittel zu schaden. Bedenke ferner, daß in Furcht ist, wer gefürchtet wird![5] Niemand kann furchterregend sein, wenn er furchtlos ist.[6]
(5) Es bleibt noch die Verachtung, deren Begrenzung der in der Hand hat, der sie sich zugezogen hat, der verachtet wird, weil er sich damit abfand, nicht weil er es verdiente. Den damit verbundenen Nachteil hebt wissenschaftliche Tätigkeit auf sowie Freundschaft mit Leuten, die bei irgendeinem einflußreichen Mann einflußreich sind,[7] denen sich anzuschließen, von denen sich aber nicht vereinnahmen zu lassen vorteilhaft sein wird, damit nicht die Abhilfe teurer zu stehen komme als die Gefahr.
(6) Nichts aber wird in gleichem Maße nützen wie zurückhaltend zu sein und sehr wenig mit anderen Leuten zu reden, sehr viel mit sich. Es gibt gewissermaßen eine Verführung, sich mitzuteilen, die sich einschleicht und einschmeichelt, und nicht anders als Betrunkenheit oder Liebe Geheimnisse preisgibt. Niemand wird verschweigen, was er gehört, niemand nur so viel ausplaudern, wie er gehört hat. Wer eine Mitteilung nicht verschwiegen hat, der wird den Gewährsmann nicht verschweigen. Ein jeder hat einen, dem er so viel vertraut, wie ihm selbst anvertraut worden ist. Mag er seine Redseligkeit zügeln und sich mit der Zuhörerschaft eines einzigen zufrieden geben, er wird sich doch eine Menge Zuhörer schaffen. So ist, was eben noch ein Geheimnis war, Stadtgespräch.
(7) Ein erheblicher Beitrag zur Furchtlosigkeit besteht darin, nicht unrecht zu tun. Ein ungeordnetes und ruheloses Leben führen unbeherrschte Leute. Sie fürchten so viel, wie sie schaden,[8] und keinen Augenblick haben sie Ruhe. Denn sie sind in Angst, wenn sie etwas angestellt haben, und sie wissen nicht ein noch aus. Ihr Gewissen[9] läßt sie nichts anderes tun, sondern zwingt sie, ihm Rede und Antwort zu stehen. Es zahlt jeder Strafe, der sie erwartet. Jeder aber, der sie verdient hat, erwartet sie auch. (8) Sicherheit bietet ir-

res in mala conscientia praestat, nulla securum; putat enim se, etiam si non deprenditur, posse deprendi, et inter somnos movetur et, quotiens alicuius scelus loquitur, de suo cogitat; non satis illi oblitteratum videtur, non satis tectum. Nocens habuit aliquando latendi fortunam, numquam fiduciam. Vale.

gendein Umstand bei schlechtem Gewissen, nicht Furchtlosigkeit.[10] Es rechnet einer nämlich damit, daß er, auch wenn er nicht ertappt wird, ertappt werden könnte. Im Schlaf findet er keine Ruhe, und sooft er auf irgend jemandes Verbrechen zu sprechen kommt, denkt er an das eigene. Es scheint ihm nicht hinreichend aus dem Bewußtsein getilgt, nicht hinreichend unterdrückt zu sein. Ein Schuldiggewordener hat manchmal das Glück, unentdeckt zu bleiben, nie die Gewißheit.
Leb wohl!

Epistula CVI

Seneca Lucilio suo salutem

(1) Tardius rescribo ad epistulas tuas, non quia districtus occupationibus sum. Hanc excusationem cave audias: vaco, et omnes vacant qui volunt. Neminem res sequuntur: ipsi illas amplexantur et argumentum esse felicitatis occupationem putant. Quid ergo fuit quare non protinus rescriberem? id de quo quaerebas veniebat in contextum operis mei; (2) scis enim me moralem philosophiam velle conplecti et omnes ad eam pertinentis quaestiones explicare. Itaque dubitavi utrum differrem te donec suus isti rei veniret locus, an ius tibi extra ordinem dicerem: humanius visum est tam longe venientem non detinere. (3) Itaque et hoc ex illa serie rerum cohaerentium excerpam et, si qua erunt eiusmodi, non quaerenti tibi ultro mittam.

Quae sint haec interrogas? Quae scire magis iuvat quam prodest, sicut hoc de quo quaeris: bonum an corpus sit? Bonum facit; prodest enim; quod facit corpus est. (4) Bonum agitat animum et quodam modo format et continet, quae [ergo] propria sunt corporis. Quae corporis bona sunt corpora sunt; ergo et quae animi sunt; nam et hoc corpus est. (5) Bonum hominis necesse est corpus sit, cum ipse sit corporalis. Mentior, nisi et quae alunt illum et quae valetudi-

106. Brief

Seneca grüßt seinen Lucilius

(1) Zu spät beantworte ich Deine Briefe, nicht etwa weil ich von Geschäften in Anspruch genommen bin. Laß diese Ausrede ja nicht gelten! Ich habe Zeit, und alle haben Zeit, die das wollen. Keinen verfolgen seine Angelegenheiten. Sie selbst lassen nicht von ihnen und halten Vielgeschäftigkeit für einen Beweis glücklichen Erfolges.[1] Was war also der Grund dafür, daß ich nicht gleich geantwortet habe? Der Gegenstand Deiner Frage gehörte in den Gesamtplan meines Entwurfes. (2) Du weißt ja, daß ich eine Gesamtdarstellung der Moralphilosophie verfassen und alle damit zusammenhängenden Fragen behandeln will. Deshalb war ich nicht sicher, ob ich Dich vertrösten sollte, bis sich ein geeigneter Zeitpunkt für Dein Anliegen ergäbe, oder ob ich Dir Dein Recht außerhalb der Ordnung einräumen sollte. Es schien mir menschlicher, einen, der von weither kommt, nicht hinzuhalten. (3) Deshalb will ich Deine Frage aus jener Reihe zusammenhängender Gegenstände herausnehmen[2] und Dir überdies, wenn sich irgendeine dazugehörige Frage stellt, ohne Deine Anfrage unaufgefordert Auskunft zukommen lassen.

Was das für Gegenstände sind, fragst Du? Die Gegenstände, deren Kenntnis mehr Freude als Nutzen bereitet,[3] so das Thema, nach dem Du Dich erkundigst, nämlich ob das Gute ein Körper sei. Das Gute ist tätig, denn es nützt. Was tätig ist, ist ein Körper. (4) Das Gute setzt den Körper in Bewegung, es gestaltet ihn gewissermaßen und erhält ihn, Fähigkeiten, die einem Körper eignen.[4] Was die Güter eines Körpers sind, das sind Körper, also auch diejenigen, die der Seele zugehören. Denn auch diese ist Körper. (5) Das Gut des Menschen ist notwendigerweise ein Körper, da er selbst körperlich ist. Ich will als Lügner gelten,[5] wenn nicht das, was ihn nährt, und das, was sein Wohlbefinden entweder er-

nem eius vel custodiunt vel restituunt corpora sunt; ergo et bonum eius corpus est. Non puto te dubitaturum an adfectus corpora sint (ut aliud quoque de quo non quaeris infulciam), tamquam ira, amor, tristitia, nisi dubitas an vultum nobis mutent, an frontem adstringant, an faciem diffundant, an ruborem evocent, an fugent sanguinem. Quid ergo? tam manifestas notas corporis credis inprimi nisi a corpore? (6) Si adfectus corpora sunt, et morbi animorum, ut avaritia, crudelitas, indurata vitia et in statum inemendabilem adducta; ergo et malitia et species eius omnes, malignitas, invidia, superbia; (7) ergo et bona, primum quia contraria istis sunt, deinde quia eadem tibi indicia praestabunt. An non vides quantum oculis det vigorem fortitudo? quantam intentionem prudentia? quantam modestiam et quietem reverentia? quantam serenitatem laetitia? quantum rigorem severitas? quantam remissionem lenitas? Corpora ergo sunt quae colorem habitumque corporum mutant, quae in illis regnum suum exercent. Omnes autem quas rettuli virtutes bona sunt, et quidquid ex illis est. (8) Numquid est dubium an id quo quid tangi potest corpus sit?

Tangere enim et tangi nisi corpus nulla potest res,

ut ait Lucretius. Omnia autem ista quae dixi non mutarent corpus nisi tangerent; ergo corpora sunt. (9) Etiam nunc cui tanta vis est ut inpellat et cogat et retineat et inhibeat corpus

hält oder wiederherstellt, körperlich ist. Also ist auch sein Gut ein Körper. Meiner Einschätzung nach zweifelst Du nicht daran, daß die Affekte körperliche Vorgänge sind, damit ich noch ein anderes Problem, nach dem Du nicht fragst, einfüge, wie Zorn, Liebe und Niedergeschlagenheit, sofern Du nicht daran zweifelst, daß sie unseren Gesichtsausdruck verändern, daß sie unsere Stirn in Falten legen, daß sie den Gesichtsausdruck entspannen und uns erröten lassen oder das Blut aus den Adern treiben. Wie also? Glaubst Du, daß die offensichtlich körperlichen Merkmale anders als durch den Körper vermittelt werden? (6) Wenn die Affekte körperliche Vorgänge sind, dann auch die geistigen Krankheiten[6] wie Habsucht, Grausamkeit, eingefleischtes und bis zu einem unverbesserlichen Zustand geratene Laster, also auch Böswilligkeit und alle ihre Erscheinungsformen: tückische Bosheit, Mißgunst und Hochmut; (7) also auch die guten Eigenschaften, zunächst weil sie das Gegenteil zu den genannten Eigenschaften sind, sodann weil sie Dir die entsprechenden Merkmale zeigen. Oder siehst Du nicht, welche Kraft die Tapferkeit dem Blick gibt, welche Wachheit die Klugheit, welche Bescheidenheit und Ruhe die Ehrfurcht, welche Heiterkeit die Freude, welche Frostigkeit die Strenge und welche Gelassenheit die Sanftmut. Körperliche Einwirkungen sind es also, die Gesichtsfarbe und Körperhaltung verändern, die über sie ihre Herrschaft ausüben. Alle Tugenden aber, die ich genannt habe, sind Güter und alles, was aus ihnen hervorgeht. (8) Gibt es da noch einen Zweifel, daß das, wovon etwas berührt werden kann, ein Körper ist?

Denn nichts als der Körper kann Berührung wirken
und leiden,

wie Lukrez sagt.[7] All die genannten Beispiele veränderten einen Körper nicht, wenn sie ihn nicht berührten. Also sind sie Körper. (9) Ferner zum einen: was so große Kraft besitzt, daß es antreibt und drängt, zurückhält und hemmt,

est. Quid ergo? non timor retinet? non audacia inpellit? non fortitudo inmittit et impetum dat? non moderatio refrenat ac revocat? non gaudium extollit? non tristitia deducit? (10) Denique quidquid facimus aut malitiae aut virtutis gerimus imperio: quod imperat corpori corpus est, quod vim corpori adfert, corpus. Bonum corporis corporale est, bonum hominis et corporis bonum est; itaque corporale est.
(11) Quoniam, ut voluisti, morem gessi tibi, nunc ipse dicam mihi quod dicturum esse te video: latrunculis ludimus. In supervacuis subtilitas teritur: non faciunt bonos ista sed doctos. (12) Apertior res est sapere, immo simplicior: paucis ⟨satis⟩ est ad mentem bonam uti litteris, sed nos ut cetera in supervacuum diffundimus, ita philosophiam ipsam. Quemadmodum omnium rerum, sic litterarum quoque intemperantia laboramus: non vitae sed scholae discimus. Vale.

das ist körperlich. Wie also? Die Furcht hält nicht zurück, die Kühnheit treibt nicht an, die Tapferkeit spornt nicht an und gibt nicht Anstoß, die Mäßigung hält nicht wie mit Zügel und Anruf zurück, die Freude hebt nicht empor, und die Niedergeschlagenheit drückt nicht nieder? (10) Kurzum: alles, was wir tun, führen wir nach dem Gebot einer bösartigen oder sittlichen Gesinnung aus. Was dem Körper gebietet, ist ein Körper. Was auf einen Körper Kraft ausübt, ist ein Körper. Das Gut des Körpers ist körperlich. Das Gut des Menschen ist auch ein Gut des Körpers. Daher ist es körperlich.

(11) Da ich Deinem Wunsch nachgekommen bin, will ich Dir nunmehr sagen, was Du mir, wie ich absehe, sagen wirst: ein Schachspiel treiben wir.[8] In nutzlosen Fragen wird unser Scharfsinn vertan. Diese Spielereien machen uns nicht sittlich gut, sondern gelehrt. (12) Ein offener daliegendes Ziel ist es, sich weise zu verhalten, noch mehr: ein einfacheres. Der Einsatz von wenig Wissenschaft reicht zu einer sittlichen Haltung, aber wie wir sonst unsere Mühe nutzlos vertun, so geschieht dies sogar in der Philosophie. Wie wir in allen Lebenslagen an Maßlosigkeit leiden, ebenso auch in der Wissenschaft. Nicht für das Leben, sondern für die Schule lernen wir.

Lebe wohl!

Epistula CVII

Seneca Lucilio suo salutem

(1) Ubi illa prudentia tua? ubi in dispiciendis rebus subtilitas? ubi magnitudo? Tam pusilla ⟨te res⟩ tangit? Servi occupationes tuas occasionem fugae putaverunt. Si amici deciperent (habeant enim sane nomen quod illis noster error inposuit, et vocentur quo turpius non sint) *** omnibus rebus tuis desunt illi qui et operam tuam conterebant et te aliis molestum esse credebant. (2) Nihil horum insolitum, nihil inexpectatum est; offendi rebus istis tam ridiculum est quam queri quod spargaris ⟨in balneo aut vexeris⟩ in publico aut inquineris in luto. Eadem vitae condicio est quae balnei, turbae, itineris: quaedam in te mittentur, quaedam incident. Non est delicata res vivere. Longam viam ingressus es: et labaris oportet et arietes et cadas et lasseris et exclames 'o mors!', id est mentiaris. Alio loco comitem relinques, alio efferes, alio timebis: per eiusmodi offensas emetiendum est confragosum hoc iter. (3) Mori vult? praeparetur animus contra omnia; sciat se venisse ubi tonat fulmen; sciat se venisse ubi

> Luctus et ultrices posuere cubilia Curae
> pallentesque habitant Morbi tristisque Senectus.

107. Brief

Seneca grüßt seinen Lucilius

(1) Wo ist Deine bewährte Klugheit? Wo Dein Scharfsinn beim Durchschauen von Ereignissen? Wo Deine Seelengröße?¹ Ein so unbedeutendes Ereignis trifft Dich? Sklaven haben Deine Geschäftigkeit als Gelegenheit zur Flucht angesehen. Wenn Freunde Dich täuschten – sie mögen ja immerhin diese Bezeichnung behalten, die ihnen unser Irrtum zugedacht hat, und so genannt werden, damit sie es zu um so größerer Schande tatsächlich nicht sind – *** gut, allen Deinen Unternehmungen fehlen jene Leute, die Deine Mühen zunichte machten und meinten, Du seiest anderen nur lästig. (2) Nichts davon ist ungewohnt, nichts unvorhersehbar.² Daran Anstoß zu nehmen ist ebenso lächerlich³ wie sich darüber zu beklagen, daß Du im Bad bespritzt, auf offener Straße beleidigt oder im Schlamm beschmutzt wirst. Der Lauf des Lebens ist ebenso wie das Treiben in den Thermen, im Straßengedränge oder auf einer Reise. Manches wird Dir absichtlich angetan werden, manches Dich zufällig treffen. Das Leben ist keine leichte Sache. Einen weiten Weg hast Du angetreten. Da ist es in der Ordnung, daß Du ausgleitest, anstößt, stürzt, ermüdest und ausrufst: »Ach Tod«, d. h., Du lügst. Da wirst Du einen Weggefährten zurücklassen, dort einen zu Grabe tragen und anderswo um einen fürchten. Über derartige Widerwärtigkeiten mußt Du diesen steinigen Weg bewältigen.⁴ (3) Sterben will einer? Sein Geist bereite sich gegen alle Fährnisse vor. Er wisse, daß er dorthin gekommen ist, wo der Blitz Donner verursacht, er wisse, daß er dorthin gekommen ist, wo

> haben ihr Lager der Gram und das schlechte
>   Gewissen,
> bleiche Krankheiten wohnen daselbst und das
>   grämliche Alter.⁵

In hoc contubernio vita degenda est. Effugere ista non potes, comtemnere potes; contemnes autem si saepe cogitaveris et futura praesumpseris. (4) Nemo non fortius ad id cui se diu composuerat accessit et duris quoque, si praemeditata erant, obstitit: at contra inparatus etiam levissima expavit. Id agendum est ne quid nobis inopinatum sit; et quia omnia novitate graviora sunt, hoc cogitatio adsidua praestabit, ut nulli sis malo tiro.

(5) 'Servi me reliquerunt.' Alium compilaverunt, alium accusaverunt, alium occiderunt, alium prodiderunt, alium mulcaverunt, alium veneno, alium criminatione petierunt: quidquid dixeris multis accidit. Deinde tela quae multa et varia sunt in nos deriguntur. Quaedam in nos fixa sunt, quaedam vibrant et cum maxime veniunt, quaedam in alios perventura nos stringunt. (6) Nihil miremur eorum ad quae nati sumus, quae ideo nulli querenda quia paria sunt omnibus. Ita dico, paria sunt; nam etiam quod effugit aliquis pati potuit. Aequum autem ius est non quo omnes usi sunt sed quod omnibus latum est. Imperetur aequitas animo et sine querella mortalitatis tributa pendamus. (7) Hiems frigora adducit: algendum est. Aestas calores refert: aestuandum est. Intemperies caeli valetudinem temptat: aegrotandum est. Et fera nobis aliquo loco occurret et homo perniciosior feris omnibus. Aliud aqua, aliud ignis eripiet. Hanc rerum

In Gemeinschaft mit ihnen mußt Du Dein Leben verbringen.⁶ Du kannst ihnen nicht entgehen, geringachten kannst Du sie. Dann aber wirst Du sie geringachten, wenn Du oft in Gedanken vorwegnimmst, was kommen wird. (4) Ein jeder geht entschlossener auf eine Gefahr zu, auf die er sich lange eingestimmt hat, und auch mit harten Schlägen wird er fertig, wenn sie im voraus bedacht waren.⁷ Ohne Vorbereitung dagegen schreckt einer sogar vor Kleinigkeiten zusammen. Darauf muß man achten, daß nichts für uns unvermutet sei. Und weil alle Ereignisse erst durch ihre Neuartigkeit größeres Gewicht haben, wird unablässiges Vorausdenken dies erbringen, daß Du vor keinem Unglück schutzlos dastehst.⁸

(5) »Die Sklaven haben mich verlassen.« Den einen haben sie ausgeplündert, den anderen angeklagt, wieder einen anderen umgebracht, einen anderen verraten, einen anderen mißhandelt, einem durch Gift und einen anderen durch Verleumdung nachgestellt. All das, was Du aufzählen magst, hat viele getroffen. Dann werden Geschosse auf uns gezielt,⁹ die zahlreich und von verschiedener Art sind. Einige stecken in uns, einige schwirren daher und treffen uns gerade und einige, die andere treffen sollen, streifen uns. (6) Über nichts von dem wollen wir uns wundern,¹⁰ wozu wir geboren sind und worüber deshalb niemand klagen darf, weil das für alle unterschiedslos ist. Ich sage: »Sie sind unterschiedslos.« Denn auch den Schaden, dem einer entgangen ist, hätte er erleiden können. Gleich aber ist nicht das Recht, das alle erfahren haben, sondern das allen zugedacht worden ist. Gleichmut sei unserem Geist geboten, und klaglos wollen wir den Tribut unserer Sterblichkeit ableisten. (7) Der Winter bringt Kälte. Da muß man frieren. Der Sommer bringt Hitze zurück. Da muß man schwitzen. Die Unbilden des Klimas greifen die Gesundheit an. Da muß man Krankheit ertragen. Ein Raubtier wird uns irgendwo begegnen und ein Mitmensch, todbringender als alle Raubtiere. Den einen Besitz wird Wasser, den anderen

condicionem mutare non possumus: illud possumus, magnum sumere animum et viro bono dignum, quo fortiter fortuita patiamur et naturae consentiamus. (8) Natura autem hoc quod vides regnum mutationibus temperat: nubilo serena succedunt; turbantur maria cum quieverunt; flant in vicem venti; noctem dies sequitur; pars caeli consurgit, pars mergitur: contrariis rerum aeternitas constat. (9) Ad hanc legem animus noster aptandus est; hanc sequatur, huic pareat; et quaecumque fiunt debuisse fieri putet nec velit obiurgare naturam. Optimum est pati quod emendare non possis, et deum quo auctore cuncta proveniunt sine murmuratione comitari: malus miles est qui imperatorem gemens sequitur. (10) Quare inpigri atque alacres excipiamus imperia nec deseramus hunc operis pulcherrimi cursum, cui quidquid patiemur intextum est; et sic adloquamur Iovem, cuius gubernaculo moles ista derigitur, quemadmodum Cleanthes noster versibus disertissimis adloquitur, quos mihi in nostrum sermonem mutare permittitur Ciceronis, disertissimi viri, exemplo. Si placuerint, boni consules; si displicuerint, scies me in hoc secutum Ciceronis exemplum.

(11)   Duc, o parens celsique dominator poli,
           quocumque placuit: nulla parendi mora est;
           adsum inpiger. Fac nolle, comitabor gemens

Feuer rauben.[11] Diesen Lauf der Welt können wir nicht ändern.[12] Dies aber können wir: eine hohe Gesinnung annehmen, würdig eines sittlich guten Mannes, um durch sie zuversichtlich Zufälliges zu ertragen und mit der Natur übereinzustimmen. (8) Die Naturordnung aber lenkt dieses Reich, das Du siehst, durch Veränderungen. Auf Nebel folgt heiterer Himmel. Die Meere werden aufgewühlt, wenn sie sich geglättet haben. Aus wechselnder Richtung wehen die Winde. Auf Nacht folgt Tag. Ein Teil des Himmels steigt auf, ein Teil versinkt. In Gegensätzen besteht die Ewigkeit der Welt. (9) Nach diesem Gesetz muß sich unser Geist richten.[13] Ihm soll er folgen, ihm gehorchen. Daß all das, was geschieht, geschehen mußte, das soll er glauben, und er soll nicht die Naturordnung schelten wollen. Am besten ist es, das zu erdulden, was Du nicht verbessern kannst, und sich Gott, durch dessen Wirken alles entsteht, ohne Murren anzuschließen. Ein schlechter Soldat ist, wer dem Befehlshaber nur unter Murren folgt. (10) Deshalb wollen wir unverdrossen und freudig die Befehle aufnehmen und uns nicht diesem Fortschreiten des herrlichsten Werkes entziehen, dem all unser Leid eingewoben ist, und so wollen wir Juppiter anreden, von dessen lenkender Hand dieser gewaltige Bau gesteuert wird, wie ihn unser Kleanthes[14] mit überaus eindrucksvollen Worten anredet. Ich darf sie in unsere Sprache nach dem Vorbild Ciceros, des überaus wortgewaltigen Redners, übersetzen. Wenn sie Dir gefallen, wirst Du sie gutheißen; wo nicht, dann wirst Du wissen, daß ich dabei dem Beispiel Ciceros gefolgt bin:

(11) Führ mich, o Vater und König des erhabenen
                                            Himmels,
    wohin es Dir gefällt. Mein Gehorsam kennt kein
                                            Zögern.
    Da bin ich unverdrossen; will ich nicht, dann muß ich
                                            stöhnend folgen.

> malusque patiar facere quod licuit bono.
> Ducunt volentem fata, nolentem trahunt.

(12) Sic vivamus, sic loquamur; paratos nos inveniat atque inpigros fatum. Hic est magnus animus qui se ei tradidit: at contra ille pusillus et degener qui obluctatur et de ordine mundi male existimat et emendare mavult deos quam se. Vale.

und als schlechter Mensch tun, was als gutem mir
freistand.
Den Willigen führt das Schicksal, den Widerstrebenden
schleppt es fort.

(12) So wollen wir leben, so reden. Bereitwillig finde uns das Schicksal vor und unverdrossen. Das ist eine hohe Gesinnung, die sich ihm ergeben hat, kleinlich dagegen und sich untreu diejenige, die widerstrebt, über die Ordnung der Welt[15] schlecht denkt und lieber die Götter als sich bessern will.
Lebe wohl!

Epistula CVIII

Seneca Lucilio suo salutem

(1) Id de quo quaeris ex iis est quae scire tantum eo, ut scias, pertinet. Sed nihilominus, quia pertinet, properas nec vis expectare libros quos cum maxime ordino continentis totam moralem philosophiae partem. Statim expediam; illud tamen prius scribam, quemadmodum tibi ista cupiditas discendi, qua flagrare te video, digerenda sit, ne ipsa se inpediat. (2) Nec passim carpenda sunt nec avide invadenda universa: per partes pervenietur ad totum. Aptari onus viribus debet nec plus occupari quam cui sufficere possimus. Non quantum vis sed quantum capis hauriendum est. Bonum tantum habe animum: capies quantum voles. Quo plus recipit animus, hoc se magis laxat.

(3) Haec nobis praecipere Attalum memini, cum scholam eius obsideremus et primi veniremus et novissimi exiremus, ambulantem quoque illum ad aliquas disputationes evocaremus, non tantum paratum discentibus sed obvium. 'Idem' inquit 'et docenti et discenti debet esse propositum, ut ille prodesse velit, hic proficere.' (4) Qui ad philosophum venit cotidie aliquid secum boni ferat: aut sanior domum redeat aut sanabilior. Redibit autem: ea philosophiae vis est ut non studentis sed etiam conversantis iuvet. Qui in solem venit, licet non in hoc venerit, colorabitur; qui in unguentaria taberna resederunt et paullo diutius commorati sunt odorem

108. Brief

Seneca grüßt seinen Lucilius

(1) Die Frage, die Du stellst, gehört zu den Themen, von denen zu wissen nur um des Wissens willen von Bedeutung ist.[1] Aber trotzdem drängst Du wegen dieser Bedeutung und willst nicht auf die Bücher warten, die ich gerade als geordnete Zusammenfassung der ganzen Moralphilosophie schreibe.[2] Ich will sogleich darauf eingehen, zunächst aber schreiben, wie Du diese Lernbegeisterung, die Dich – wie ich sehe – erfüllt, disponieren mußt, damit sie sich nicht selbst im Wege stehe. (2) Man darf nicht da und dort Kenntnisse wie Ähren auflesen, aber sich auch nicht gierig auf ein ganzes Bündel davon stürzen.[3] Über Teile wird man zum Ganzen gelangen. Die Last muß man nach den Kräften bemessen und sich nicht mehr vornehmen, als wir bewältigen können. Nicht wie viel Du willst, sondern wie viel Du fassen kannst, mußt Du auf Dich nehmen. Nimm die rechte Geisteshaltung an! Du wirst so viel fassen, wie Du willst. Je mehr der Geist aufnimmt, um so mehr weitet er sich.

(3) Dies hat uns Attalus gelehrt,[4] wie ich mich erinnere, als wir ihn bei seiner Vorlesung umlagerten, als erste kamen und als letzte gingen, ihn sogar beim Auf- und Abgehen zu irgendwelchen Erörterungen aufforderten, ihn, der sich den Lernenden nicht nur bereitwillig stellte, sondern ihnen entgegenkam. Er sagte: »Der Lehrende und der Lernende sollen dasselbe Ziel haben. Wie jener voranbringen will, so will dieser vorankommen.« (4) Wer sich einem Philosophen zuwendet, soll täglich irgendein Gut mit sich nehmen: entweder geheilter oder heilbarer soll er nach Hause gehen. Dies wird er auch tun. Die Heilkraft der Philosophie besteht darin, daß sie nicht nur die sich um sie Bemühten, sondern auch die mit ihr Vertrauten fördert. Wer ans Sonnenlicht tritt, der wird, mag er auch nichts dazu getan haben, Farbe annehmen. Wer in einer Parfümerie Platz genommen und sich

secum loci ferunt; et qui ad philosophum fuerunt traxerint
aliquid necesse est quod prodesset etiam neglegentibus. At-
tende quid dicam: neglegentibus, non repugnantibus.
(5) 'Quid ergo? non novimus quosdam qui multis apud philosophum annis persederint et ne colorem quidem duxe-
rint?' Quidni noverim? pertinacissimos quidem et adsiduos,
quos ego non discipulos philosophorum sed inquilinos
voco. (6) Quidam veniunt ut audiant, non ut discant, sicut
in theatrum voluptatis causa ad delectandas aures oratione
vel voce vel fabulis ducimur. Magnam hanc auditorum partem videbis cui philosophi schola deversorium otii sit. Non
id agunt ut aliqua illo vitia deponant, ut aliquam legem vitae
accipiant qua mores suos exigant, sed ut oblectamento au-
rium perfruantur. Aliqui tamen et cum pugillaribus veniunt,
non ut res excipiant, sed ut verba, quae tam sine profectu
alieno dicant quam sine suo audiunt. (7) Quidam ad magnificas voces excitantur et transeunt in adfectum dicentium
alacres vultu et animo, nec aliter concitantur quam solent
Phrygii tibicinis sono semiviri et ex imperio furentes. Rapit
illos instigatque rerum pulchritudo, non verborum inanium
sonitus. Si quid acriter contra mortem dictum est, si quid
contra fortunam contumaciter, iuvat protinus quae audias
facere. Adficiuntur illis et sunt quales iubentur, si illa animo
forma permaneat, si non impetum insignem protinus populus, honesti dissuasor, excipiat: pauci illam quam concepe-

dort etwas länger aufgehalten hat, der nimmt den Duft des Raumes mit sich,[5] und diejenigen, die bei einem Philosophen waren, zogen notwendigerweise irgendeinen Gewinn davon, der auch Gleichgültigen nützte. Beachte meine Wortwahl: »Gleichgültigen«, nicht »Widerstrebenden«.
(5) Wie nun? Kennen wir nicht einige, die viele Jahre vor Philosophen absaßen und nicht einmal Farbe annahmen? Wie sollte ich sie nicht kennen! Ganz ausdauernde und unermüdliche Leute, die ich nicht als Schüler, sondern als Mieter der Philosophen bezeichne. (6) Manche kommen, um zu hören, nicht um zu lernen, so wie wir uns ins Theater zum Ergötzen unserer Ohren an einem Vortrag, einer Stimme oder Schauspielen locken lassen.[6] Da wirst Du einen großen Anteil an Zuhörern sehen, dem der Vorlesungssaal eines Philosophen Zufluchtsstätte für Nichtstun[7] ist. Nicht darauf sind sie bedacht, dadurch irgendwelche Charakterfehler abzulegen, irgendeine Lebensregel anzunehmen, um so ihren Charakter zu überprüfen, sondern um ihrem Gehör Ergötzen zu verschaffen. Einige aber rücken mit ihren Schreibtafeln an, nicht um konkrete Lehren, sondern um Worte aufzuzeichnen, die sie ebenso ohne Gewinn für andere wiederholen wie ohne eigenen hören. (7) Einige lassen sich für hochtönende Sprüche begeistern und versetzen sich in die Stimmung der Vortragenden, leidenschaftlich in Gesichtsausdruck und Geisteshaltung, und sie lassen sich ebenso in Rasen versetzen wie üblicherweise phrygische Eunuchen[8], die beim Blasen eines Flötenspielers und auf Befehl in Taumel geraten. Die Schönheit der Gegenstände reißt sie mit und spornt sie an, nicht der Klang leerer Worte. Wenn ein energisches Wort gegen den Tod, ein trotziges gegen das Schicksal gesagt wurde, dann setzen sie freudig gleich in die Tat um, was man da hört. Sie lassen sich von jenen Worten einstimmen und sind so, wie ihnen befohlen wird, wenn dem Geist jenes Ideal bliebe, wenn nicht diesen herrlichen Aufschwung sogleich die Menge, Widersacher der Sittlichkeit,[9] bremste. Nur wenige konnten diese

rant mentem domum perferre potuerunt. (8) Facile est auditorem concitare ad cupidinem recti; omnibus enim natura fundamenta dedit semenque virtutum. Omnes ad omnia ista nati sumus: cum inritator accessit, tunc illa animi bona veluti sopita excitantur. Non vides quemadmodum theatra consonent quotiens aliqua dicta sunt quae publice adgnoscimus et consensu vera esse testamur?

(9)   Desunt inopiae multa, avaritiae omnia.
        In nullum avarus bonus est, in se pessimus.

Ad hos versus ille sordidissimus plaudit et vitiis suis fieri convicium gaudet: quanto magis hoc iudicas evenire cum a philosopho ista dicuntur, cum salutaribus praeceptis versus inseruntur, efficacius eadem illa demissuri in animum inperitorum? (10) Nam ut dicebat Cleanthes, 'quemadmodum spiritus noster clariorem sonum reddit cum illum tuba per longi canalis angustias tractum patentiore novissime exitu effudit, sic sensus nostros clariores carminis arta necessitas efficit.' Eadem neglegentius audiuntur minusque percutiunt quamdiu soluta oratione dicuntur: ubi accessere numeri et egregium sensum adstrinxere certi pedes, eadem illa sententia velut lacerto excussiore torquetur. (11) De contemptu pecuniae multa dicuntur et longissimis orationibus hoc praecipitur, ut homines in animo, non in patrimonio putent esse divitias, eum esse locupletem qui paupertati suae apta-

Geisteshaltung, die sie in sich aufgenommen hatten, nach Hause bringen. (8) Es ist leicht, einen Zuhörer zu Leidenschaft für das Rechte zu begeistern. Denn die Natur hat allen wie Samen die Anlage zu den Tugenden geschenkt. Alle sind wir zu alledem geboren.[10] Wenn ein Erwecker auftritt, dann werden jene gleichsam eingeschläferten Vorzüge des Geistes wachgerüttelt. Siehst Du nicht, wie die Theater von einhelligem Beifall erdröhnen, sooft irgendwelche Gedanken vorgetragen werden, die wir allgemein anerkennen und übereinstimmend als wahr bezeugen?

(9) Es fehlt der Not vieles, der Habgier alles.
Zu keinem ist der Habgierige gut, zu sich selbst
am schlechtesten.[11]

Bei diesen Versen klatscht jener erbärmliche Knauser Beifall und freut sich über die Anprangerung seiner Charakterfehler. Um wie viel mehr, meinst Du, geschieht dies, wenn diese Gedanken von einem Philosophen vorgetragen werden, wenn in seine heilsamen Vorschriften Verse eingestreut werden, die eben jene Grundsätze in den Geist der Unerfahrenen wirkungsvoller einsenken werden. (10) »Denn«, so sagt Kleanthes[12], »wie unser Atem den Ton deutlicher macht, wenn eine Trompete ihn durch die Enge des langen Rohres getrieben, schließlich über die breitere Öffnung ausgestoßen hat, so macht die strenge Gebundenheit eines Gedichtes unsere Gedanken klarer. Dieselben Gedanken hört man mit geringerer Aufmerksamkeit an, und sie beeindrucken weniger, solange sie in der Ungebundenheit der Prosa vorgetragen werden. Sowie der Rhythmus hinzutritt und genaue Metrik einen hervorragenden Gedanken strafft, wird dasselbe Urteil wie von einem gar mächtig ausholenden Arm losgeschleudert. (11) Über die Geringachtung des Geldes wird viel gesagt, und in endlosen Reden wird diese Weisung gegeben, die Menschen sollten glauben, daß im Geist, nicht im Vermögen Reichtum liege, begütert sei einer, der sich mit Armut abgefunden und mit wenigem reich ge-

tus est et parvo se divitem fecit; magis tamen feriuntur
animi cum carmina eiusmodi dicta sunt:

> Is minimo eget mortalis qui minimum cupit.
> Quod vult habet qui velle quod satis est potest.

(12) Cum haec atque eiusmodi audimus, ad confessionem
veritatis adducimur; illi enim quibus nihil satis est admirantur, adclamant, odium pecuniae indicunt. Hunc illorum adfectum cum videris, urge, hoc preme, hoc onera, relictis ambiguitatibus et syllogismis et cavillationibus et ceteris acuminis inriti ludicris. Dic in avaritiam, dic in luxuriam; cum profecisse te videris et animos audientium adfeceris, insta vehementius: veri simile non est quantum proficiat talis oratio remedio intenta et tota in bonum audientium versa. Facillime enim tenera conciliantur ingenia ad honesti rectique amorem, et adhuc docilibus leviterque corruptis inicit manum veritas si advocatum idoneum nacta est. (13) Ego certe cum Attalum audirem in vitia, in errores, in mala vitae perorantem, saepe miseritus sum generis humani et illum sublimem altioremque humano fastigio credidi. Ipse regem se esse dicebat, sed plus quam regnare mihi videbatur cui liceret censuram agere regnantium. (14) Cum vero commendare paupertatem coeperat et ostendere quam quidquid usum excederet pondus esset supervacuum et grave ferenti, saepe exire e schola pauperi libuit. Cum coeperat voluptates

macht hat.¹³ Tiefer aber ist der Geist getroffen, wenn Verse der folgenden Art vorgetragen werden:

> Der Sterbliche bedarf des Wenigsten, der das Wenigste begehrt.
> Wer vermag, nur das zu wollen, was genügt, hat das, was er will.¹⁴

(12) Wenn wir diese und derartige Worte hören, dann lassen wir uns zum Bekenntnis der Wahrheit bringen. Denn jene, denen nichts genügt, bekunden Bewunderung und Beifall dafür. Sie erklären ihren Widerwillen gegen Geld. Wenn Du bei ihnen diese Gemütsverfassung siehst, dann dräng darauf, besteh darauf und bring Dein Gewicht zur Geltung, und zwar unter Verzicht auf Vieldeutigkeiten, Trugschlüsse, Haarspaltereien und sonstige Spielereien nutzlosen Scharfsinns. Sprich gegen Habgier, gegen Verschwendungssucht! Wenn Du merkst, daß Du vorangekommen bist und den Geist der Hörer eingestimmt hast, dann setze energischer nach! Es ist unglaublich, wie sehr eine derartige Rede, die auf Heilung zielt und ganz auf das Gut der Hörer gerichtet ist, voranbringt. Ganz leicht lassen sich ja noch zarte Gemüter für Liebe zum sittlich Richtigen gewinnen, und die Wahrheit legt noch bildsamen und nur wenig verdorbenen Geschöpfen die Hand auf,¹⁵ wenn sie einen geeigneten Fürsprecher gefunden hat. (13) Ich jedenfalls habe, als ich hörte, wie Attalus über Laster, Irrtümer und Unheil im Leben herzog, oft mit der Menschheit Mitleid gehabt und jenen für einen erhabenen, das dem Menschen gesetzte Maß überragenden Mann gehalten. Er selbst sagte, er sei ein König, aber er schien mir mehr als ein König zu sein, da er es sich erlauben konnte, das Amt des Zensors über Könige auszuüben.¹⁶ (14) Wenn er gar die Armut zu empfehlen und zu zeigen begann, wie alles, was das Notwendige überstieg, unnütz und drückende Last für den Betroffenen sei, da hatte man oft Lust, von dem Vortrag in Armut wegzugehen. Wenn er begann, unsere Vergnügungen vorzuführen,

nostras traducere, laudare castum corpus, sobriam mensam, puram mentem non tantum ab inlicitis voluptatibus sed etiam supervacuis, libebat circumscribere gulam ac ventrem. (15) Inde mihi quaedam permansere, Lucili; magno enim in omnia impetu veneram, deinde ad civitatis vitam reductus ex bene coeptis pauca servavi. Inde ostreis boletisque in omnem vitam renuntiatum est; nec enim cibi sed oblectamenta sunt ad edendum saturos cogentia (quod gratissimum est edacibus et se ultra quam capiunt farcientibus), facile descensura, facile reditura. (16) Inde in omnem vitam unguento abstinemus, quoniam optimus odor in corpore est nullus. Inde vino carens stomachus. Inde in omnem vitam balneum fugimus; decoquere corpus atque exinanire sudoribus inutile simul delicatumque credidimus. Cetera proiecta redierunt, ita tamen ut quorum abstinentiam interrupi modum servem et quidem abstinentiae proximiorem, nescio an difficiliorem, quoniam quaedam absciduntur facilius animo quam temperantur.

(17) Quoniam coepi tibi exponere quanto maiore impetu ad philosophiam iuvenis accesserim quam senex pergam, non pudebit fateri quem mihi amorem Pythagoras iniecerit. Sotion dicebat quare ille animalibus abstinuisset, quare postea Sextius. Dissimilis utrique causa erat, sed utrique magnifica. (18) Hic homini satis alimentorum citra sanguinem esse credebat et crudelitatis consuetudinem fieri ubi in voluptatem

Enthaltsamkeit, eine bescheidene Tafel, eine nicht nur von unerlaubten, sondern auch von überflüssigen Vergnügungen freie Geisteshaltung zu preisen, da hatte man Lust, den Gaumenfreuden und der Sinnlichkeit zu entsagen. (15) Von daher sind mir manche Gewohnheiten geblieben, Lucilius. Denn mit großer Begeisterung war ich allen seinen Aufrufen nachgekommen, in der Folgezeit habe ich nach meiner Rückkehr ins politische Leben freilich nur wenige von den guten Anfängen bewahrt. Von daher wurde auf Austern und Pilze für ein ganzes Leben verzichtet. Sie sind ja nicht Nahrungsmittel, sondern Gaumenkitzel, die Satte zum Essen drängen – was Schlemmern, Leuten, die sich über ihr Fassungsvermögen vollstopfen, sehr willkommen ist –, die leicht hinuntergleiten und leicht wieder hochkommen. (16) Von daher verzichten wir für das ganze Leben auf Parfüm, weil den besten Körpergeruch der Verzicht darauf bietet. Von daher lehnt der Magen Wein ab. Von daher meiden wir für ein ganzes Leben Badeluxus. Den Körper der Hitze auszusetzen und ihn durch Schweißbäder zu entschlacken, hielten wir für nutzlos und dazu für verweichlichend.[17] Andere Gewohnheiten, einst verworfen, stellten sich zwar wieder ein, aber doch mit der Einschränkung, daß ich ein Maß da einhalte, wo ich Verzicht aufgegeben habe, und zwar ein dem Verzicht näher liegendes, vielleicht schwieriger einhaltbares Maß, da doch manche Gewohnheiten sich leichter aus dem Geist ausrotten als mäßigen lassen.

(17) Da ich es unternommen habe, Dir darzulegen, mit wie viel größerem Schwung ich mich in jungen Jahren der Philosophie zuwandte, als ich sie im Alter fortführe, werde ich gestehen, ohne mich zu schämen, welche Liebe zu ihr mir Pythagoras eingepflanzt hat.[18] Sotion erklärte, warum jener auf Fleischgenuß verzichtet hatte, warum später Sextius[19]. Verschieden war bei beiden der Grund, aber doch bei beiden großartig. (18) Dieser glaubte, der Mensch habe ohne Blutvergießen genug Nahrung und es werde Grausamkeit zur Gewohnheit, so wie das Ausweiden zum Vergnügen ge-

esset adducta laceratio. Adiciebat contrahendam materiam esse luxuriae; colligebat bonae valetudini contraria esse alimenta varia et nostris aliena corporibus. (19) At Pythagoras omnium inter omnia cognationem esse dicebat et animorum commercium in alias atque alias formas transeuntium. Nulla, si illi credas, anima interit, ne cessat quidem nisi tempore exiguo, dum in aliud corpus transfunditur. Videbimus per quas temporum vices et quando pererratis pluribus domiciliis in hominem revertatur: interim sceleris hominibus ac parricidii metum fecit, cum possent in parentis animam inscii incurrere et ferro morsuve violare, si in quo 〈corpore〉 cognatus aliqui spiritus hospitaretur. (20) Haec cum exposuisset Sotion et implesset argumentis suis, 'non credis' inquit 'animas in alia corpora atque alia discribi et migrationem esse quod dicimus mortem? Non credis in his pecudibus ferisve aut aqua mersis illum quondam hominis animum morari? Non credis nihil perire in hoc mundo, sed mutare regionem? nec tantum caelestia per certos circuitus verti, sed animalia quoque per vices ire et animos per orbem agi? (21) Magni ista crediderunt viri. Itaque iudicium quidem tuum sustine, ceterum omnia tibi in integro serva. Si vera sunt ista, abstinuisse animalibus innocentia est; si falsa, frugalitas est. Quod istic credulitatis tuae damnum est? alimenta tibi leonum et vulturum eripio.' (22) His ego instinc-

worden sei. Überdies bemerkte er, die Möglichkeit zu unnötigem Konsum sei einzuschränken, und argumentierte, es seien unserer Gesundheit verschiedene Nahrungsmittel zuwider und unserem körperlichen Wohlbefinden abträglich. (19) Pythagoras dagegen erklärte, es bestehe unter allen Organismen eine verwandtschaftliche Verbindung und ein Austausch der Seelen, die von einer Gestalt in die andere übergingen.[20] Keine Lebenskraft geht, wenn Du ihm glaubst, zugrunde, ja sie verweilt nur einen winzigen Augenblick, bis sie in einen anderen Körper übergeht. Wir werden sehen, über welche Wechselfälle der Zeiten und wann sie durch Wanderung durch recht viele Wohnstätten in einen Menschen zurückkehrt. Vorerst ruft sie bei den Menschen Furcht vor dem Verbrechen oder Verwandtenmord wach, könnten sie doch ahnungslos auf die Seele ihres Erzeugers stoßen und sie bei Tötung oder Verzehr verletzen, wenn in einem Körper der Lebensatem irgendeines Verwandten hauste. (20) Nachdem Sotion dies dargelegt und mit eigenen Argumenten untermauert hatte, fuhr er fort:[21] »Glaubst Du nicht, daß die Seelen sich auf andere und wieder andere Körper verteilen und daß, was wir Tod nennen, eine Wanderung ist? Glaubst Du nicht, daß in diesen zahmen und wilden oder im Wasser lebenden Tieren jener Geist eines früheren Menschen wohne? Glaubst Du nicht, daß nichts in der Welt zugrunde gehe, sondern nur seinen Ort wechsle? Daß nicht nur Himmelskörper sich in bestimmten Kreisbahnen bewegen, sondern auch Lebewesen Wechselfälle durcheilen und daß die Geistseelen sich in einem Kreislauf bewegen. (21) Große Männer haben dies geglaubt. Halte deshalb auf jeden Fall Dein Urteil zurück, laß im übrigen alle Fragen auf sich beruhen.[22] Wenn diese Lehre richtig ist, dann bedeutet der Verzicht auf Verzehr von Tieren Rechtlichkeit; wenn falsch, Anspruchslosigkeit. Was für einen Schaden hast Du für Deine Bereitschaft, daran zu glauben? Ich nehme Dir Nahrung für Löwen und Geier weg.« (22) Aufgrund dieser Lehre begann ich auf Ver-

tus abstinere animalibus coepi, et anno peracto non tantum facilis erat mihi consuetudo sed dulcis. Agitatiorem mihi animum esse credebam nec tibi hodie adfirmaverim an fuerit. Quaeris quomodo desierim? In primum Tiberii Caesaris principatum iuventae tempus incidcrat: alienigena tum sacra movebantur et inter argumenta superstitionis ponebatur quorundam animalium abstinentia. Patre itaque meo rogante, qui non calumniam timebat sed philosophiam oderat, ad pristinam consuetudinem redii; nec difficulter mihi ut inciperem melius cenare persuasit. (23) Laudare solebat Attalus culcitam quae resisteret corpori: tali utor etiam senex, in qua vestigium apparere non possit.
Haec rettuli ut probarem tibi quam vehementes haberent tirunculi impetus primos ad optima quaeque, si quis exhortaretur illos, si quis inpelleret. Sed aliquid praecipientium vitio peccatur, qui nos docent disputare, non vivere, aliquid discentium, qui propositum adferunt ad praeceptores suos non animum excolendi sed ingenium. Itaque quae philosophia fuit facta philologia est. (24) Multum autem ad rem pertinet quo proposito ad quamquam rem accedas. Qui grammaticus futurus Vergilium scrutatur non hoc animo legit illud egregium

fugit inreparabile tempus:

'vigilandum est; nisi properamus relinquemur; agit nos agiturque velox dies; inscii rapimur; omnia in futurum disponimus et inter praecipitia lenti sumus': sed ut observet, quo-

zehr von Fleisch zu verzichten, und nach einem Jahr war die Gewohnheit nicht nur leicht zu ertragen, sondern sie war angenehm. Ich glaubte, mein Geist sei wendiger, möchte Dir aber heute nicht mehr versichern, ob dies wirklich zutraf. Du fragst, wie ich damit aufgehört habe. Meine Jugendzeit war in den frühen Prinzipat des Tiberius gefallen. Kulte aus fremden Ländern wurden damals verbannt, und zu den Beweisen für Aberglauben wurde der Verzicht auf das Fleisch bestimmter Tiere gezählt. Deshalb kehrte ich auf Bitten meines Vaters, der nicht verleumderische Beschuldigungen fürchtete, sondern die Philosophie ablehnte, zur früheren Eßgewohnheit zurück. Und er überredete mich ohne Schwierigkeit zu einer besseren Ernährungsweise. (23) Attalus pflegte eine Matratze zu loben, die dem Körper nicht nachgab. Ich verwende auch im Alter eine solche, auf der sich der Abdruck des Körpers nicht abzeichnen kann. Dies habe ich berichtet, um zu zeigen, welch leidenschaftlichen Schwung Neueingeweihte[23] gerade am Anfang für die höchsten Ideale haben, wenn sie einer aufruft, wenn sie einer antreibt. Aber ein schwerer Fehler wird durch das Verschulden von Lehrern gemacht, die uns beibringen zu diskutieren, nicht zu leben[24]; ein schwerer durch das Verschulden der Lernenden, die an ihre Lehrer die Zielsetzung herantragen, nicht die Seele, sondern den Verstand zu bilden.[25] So wurde Pflege des Wortes, was Pflege der Weisheit war. (24) Es ist aber ganz wichtig, mit welcher Zielsetzung Du an die jeweilige Sache herangehst. Wer als angehender Grammatiker über Vergil forscht, liest jenen herausragenden Vers

Aber es flieht die Zeit unwiderbringlich dahin[26]

nicht aus dem Verständnis: »Sei auf der Hut! Beeilen wir uns nicht, so werden wir zurückbleiben. Es jagt uns der hastende Tag, und er wird selbst gejagt. Besinnungslos werden wir fortgerissen. Alles planen wir für die Zukunft, aber bei sich überstürzenden Ereignissen lassen wir es ruhig ange-

tiens Vergilius de celeritate temporum dicit, hoc uti verbo illum 'fugit'.

> Optima quaeque dies miseris mortalibus aevi
> prima fugit; subeunt morbi tristisque senectus
> et labor, et durae rapit inclementia mortis.

(25) Ille qui ad philosophiam spectat haec eadem quo debet adducit. 'Numquam Vergilius' inquit 'dies dicit ire, sed fugere, quod currendi genus concitatissimum est, et optimos quosque primos rapi: quid ergo cessamus nos ipsi concitare, ut velocitatem rapidissimae rei possimus aequare? Meliora praetervolant, deteriora succedunt.' (26) Quemadmodum ex amphora primum quod est sincerissimum effluit, gravissimum quodque turbidumque subsidit, sic in aetate nostra quod est optimum in primo est. Id exhauriri [in] aliis potius patimur, ut nobis faecem reservemus? Inhaereat istud animo et tamquam missum oraculo placeat:

> optima quaeque dies miseris mortalibus aevi
> prima fugit.

(27) Quare optima? quia quod restat incertum est. Quare optima? quia iuvenes possumus discere, possumus facilem animum et adhuc tractabilem ad meliora convertere; quia hoc tempus idoneum est laboribus, idoneum agitandis per studia ingeniis [est] et exercendis per opera corporibus: quod superest segnius et languidius est et propius a fine.

hen«, sondern damit er beobachtet, daß Vergil, sooft er über die schnell vergehende Zeit spricht, dieses Wort gebraucht: »Sie entflieht.«

> Flieht doch die beste Zeit in der armen Sterblichen
> Leben,
> ihre Jugend zuerst! Krankheit und grämliches Alter
> folgt, die Mühsal rafft sie dahin und die Strenge des
> Todes.[27]

(25) Jener, der seinen Sinn auf die Philosophie richtet, bringt eben diese Worte in Verbindung mit dem, worauf es ankommt. Er erklärt: »Niemals sagt Vergil ›der Tag geht dahin‹, sondern ›er entflieht‹ – es ist dies die hastigste Art der Bewegung – und daß gerade jeweils die Besten zuerst entrissen werden. Warum zögern wir also, uns selbst schleunigst in Bewegung zu setzen, damit wir der Geschwindigkeit eines rasend dahinjagenden Gegenstandes gleichkommen können. Das Bessere fliegt an uns vorbei, Schlechteres folgt.« (26) Wie aus einer Amphore zunächst der Inhalt, der der reinste ist, fließt, und jeweils der schwerste und trübe sich am Boden absetzt, so steht in unserem Leben der Teil, der der beste ist, am Anfang. Wir lassen zu, daß dieser eher für andere ausgeschöpft wird, damit wir uns den Bodensatz erhalten? Dieses Wort präge sich unserem Geist ein und finde Billigung, als sei's von einem Orakel gesandt:

> Flieht doch die beste Zeit in der armen Sterblichen
> Leben
> ... zuerst ...

(27) Warum die beste? Weil das, was verbleibt, ungewiß ist. Warum die beste? Weil wir als junge Menschen lernen können, unseren anpassungsfähigen und noch beeinflußbaren Geist zum Besseren bekehren zu können; weil diese Lebenszeit passend ist für Mühen, passend, die Geistesgaben in Studien zu üben und den Körper durch Belastungen zu trainieren. Was übrig bleibt, ist kraftloser, energieloser und

Itaque toto hoc agamus animo et omissis ad quae devertimur in rem unam laboremus, ne hanc temporis pernicissimi celeritatem, quam retinere non possumus, relicti demum intellegamus. Primus quisque tamquam optimus dies placeat et redigatur in nostrum. Quod fugit occupandum est. (28) Haec non cogitat ille qui grammatici oculis carmen istud legit, ideo optimum quemque primum esse diem quia subeunt morbi, quia senectus premit et adhuc adulescentiam cogitantibus supra caput est, sed ait Vergilium semper una ponere morbos et senectutem – non mehercules immerito; senectus enim insanabilis morbus est. (29) 'Praeterea' inquit 'hoc senectuti cognomen inposuit, "tristem" illam vocat:

> subeunt morbi tristisque senectus.

Alio loco dicit

> pallentesque habitant Morbi tristisque Senectus.'

Non est quod mireris ex eadem materia suis quemque studiis apta colligere: in eodem prato bos herbam quaerit, canis leporem, ciconia lacertam.
(30) Cum Ciceronis librum de re publica prendit hinc philologus aliquis, hinc grammaticus, hinc philosophiae deditus, alius alio curam suam mittit. Philosophus admiratur contra iustitiam dici tam multa potuisse. Cum ad hanc eandem lectionem philologus accessit, hoc subnotat: duos Romanos reges esse quorum alter patrem non habet, alter matrem. Nam de Servi matre dubitatur; Anci pater nullus,

dem Ende näher. Deshalb wollen wir dies mit dem ganzen Einsatz des Geistes betreiben, auf alle Ablenkungen verzichten und nur auf ein Ziel hinarbeiten, daß wir nicht diese Schnelligkeit der rasch dahinfliegenden Zeit, die wir nicht zurückhalten können, erst verstehen, wenn sie uns zurückgelassen hat. Gerade die erste Zeit sei uns als das beste willkommen, und sie soll zu unserem Besitz gemacht werden. Was entflieht, dem muß man zuvorkommen. (28) Dies bedenkt jener nicht, der mit den Augen eines Grammatikers jenes Gedicht liest, daß deshalb die erste Zeit gerade die beste ist, weil dann Krankheiten kommen, weil das Alter zur Last wird und in unserem Rücken lauert, während wir noch über die Jugend nachdenken. Er aber stellt fest, daß Vergil immer Krankheiten und Alter zusammenstellt, und das bei Gott nicht ohne Grund. Das Alter ist ja eine unheilbare Krankheit. (29) »Überdies«, fügt er hinzu, »hat er dem Alter eine Bezeichnung gegeben; er nennt es ›grämlich‹.«

Krankheit und grämliches Alter folgt.

An einer anderen Stelle sagt er:

Bleiche Krankheiten wohnen daselbst und grämliches Alter.[28]

Du darfst Dich nicht darüber wundern, daß ein jeder aus demselben Stoff das herausgreift, was seinen Neigungen entspricht: Auf derselben Weide sucht das Rind Gras, der Hund den Hasen und der Storch die Eidechse.
(30) Wenn da ein Philologe, dort ein Grammatiker, dort ein Adept der Philosophie Ciceros Werk über das Gemeinwesen zur Hand nimmt, dann richtet ein jeder von ihnen sein Interesse auf ein anderes Thema. Der Philosoph wundert sich, daß so viele Argumente gegen die Gerechtigkeit genannt werden konnten.[29] Wenn sich der Philologe derselben Lektüre zuwendet, dann merkt er an, es gebe zwei römische Könige, von denen der eine keinen Vater, der andere keine Mutter vorweise.[30] In der Tat weiß man nichts Sicheres über

Numae nepos dicitur. (31) Praeterea notat eum quem nos dictatorem dicimus et in historiis ita nominari legimus apud antiquos 'magistrum populi' vocatum. Hodieque id extat in auguralibus libris, et testimonium est quod qui ab illo nominatur 'magister equitum' est. Aeque notat Romulum perisse solis defectione; provocationem ad populum etiam a regibus fuisse; id ita in pontificalibus libris et alii argui putant et Fenestella. (32) Eosdem libros cum grammaticus explicuit, primum [verba expresse] 'reapse' dici a Cicerone, id est 're ipsa', in commentarium refert, nec minus 'sepse', id est 'se ipse'. Deinde transit ad ea quae consuetudo saeculi mutavit, tamquam ait Cicero 'quoniam sumus ab ipsa calce eius interpellatione revocati.' Hanc quam nunc in circo 'cretam' vocamus 'calcem' antiqui dicebant. (33) Deinde Ennianos colligit versus et in primis illos de Africano scriptos:

> cui nemo civis neque hostis
> quibit pro factis reddere opis pretium.

Ex eo se ait intellegere ⟨opem⟩ apud antiquos non tantum auxilium significasse sed operam. Ait [opera] enim Ennius neminem potuisse Scipioni neque civem neque hostem reddere operae pretium. (34) Felicem deinde se putat quod invenerit unde visum sit Vergilio dicere

> quem super ingens
> porta tonat caeli.

Servius' Mutter. Über den Vater des Ancus wird nichts überliefert, nur dies, daß er Numas Enkel war.[31] (31) Überdies merkt er an, daß der Amtsträger, den wir als Dictator bezeichnen und der, wie wir lesen, in Geschichtswerken so benannt wird, bei den Alten als »Anführer des Volkes« betitelt worden ist.[32] Auch heute noch scheint dieser Titel in den Augurabüchern auf, und es gibt das Zeugnis dafür, daß der vom Dictator Ernannte der Reiterführer ist. Entsprechend bemerkt der Philologe, daß Romulus bei einer Sonnenfinsternis umgekommen sei.[33] Das Berufungsrecht an das Volk habe es auch bei den Königen gegeben. Daß dies in den Pontifikalbüchern deutlich ausgesagt würde, nimmt neben anderen Fenestella[34] an. (32) Wenn dieselben Bücher ein Grammatiker erklärt hat, dann nimmt er zunächst unter seine Notizen auf, *reapse* würde von Cicero verwendet, d. h. *re ipsa*, desgleichen *sepse* für *se ipse*.[35] Dann geht er auf Beispiele ein, die der Sprachgebrauch im Lauf der Zeit verändert hat, so wenn Cicero sagt: »Da wir unmittelbar von der ›Kalklinie‹ durch seinen Einspruch zurückgerufen worden sind.« Die Linie, die wir im Zirkus heutzutage ›Startlinie‹ nennen, bezeichneten die Alten als ›Kalklinie‹.[36] (33) Dann trägt er Verse aus Ennius zusammen, und zwar besonders die über Scipio Africanus:

> dem weder ein Bürger noch ein Fremder
> einen seinen Taten entsprechenden Lohn seiner Leistung
> geben kann.[37]

Aufgrund dieser Stelle behauptet er schließen zu dürfen, daß bei den Alten *ops* nicht nur »Hilfe« bedeutete, sondern auch »Leistung«. Ennius sagt nämlich, niemand unter den Bürgern oder Fremden habe dem Scipio einen seiner Leistung entsprechenden Lohn geben können. (34) Dann hält er sich für glücklich, gefunden zu haben, wie Vergil zu der Formulierung kam,

> hoch über ihm mächtig
> donnert des Himmels Tor.[38]

Ennium hoc ait Homero [se] subripuisse, Ennio Vergilium; esse enim apud Ciceronem in his ipsis de re publica hoc epigramma Enni:

> si fas endo plagas caelestum ascendere cuiquam est,
> mi soli caeli maxima porta patet.

(35) Sed ne et ipse, dum aliud ago, in philologum aut grammaticum delabar, illud admoneo, auditionem philosophorum lectionemque ad propositum beatae vitae trahendam, non ut verba prisca aut ficta captemus et translationes inprobas figurasque dicendi, sed ut profutura praecepta et magnificas voces et animosas quae mox in rem transferantur. Sic ista ediscamus ut quae fuerint verba sint opera. (36) Nullos autem peius mereri de omnibus mortalibus iudico quam qui philosophiam velut aliquod artificium venale didicerunt, qui aliter vivunt quam vivendum esse praecipiunt. Exempla enim se ipsos inutilis disciplinae circumferunt, nulli non vitio quod insequuntur obnoxii. (37) Non magis mihi potest quisquam talis prodesse praeceptor quam gubernator in tempestate nauseabundus. Tenendum rapiente fluctu gubernaculum, luctandum cum ipso mari, eripienda sunt vento vela: quid me potest adiuvare rector navigii attonitus et vomitans? Quanto maiore putas vitam tempestate iactari quam ullam ratem? Non est loquendum sed gubernandum. (38) Omnia quae dicunt, quae turba audiente iactant, aliena sunt: dixit illa Plato, dixit Zenon, dixit Chrysippus et Posidonius et ingens agmen nominum tot ac

108. Brief

Er behauptet, Ennius habe die Formulierung von Homer, Vergil von Ennius entlehnt. In der Tat findet sich bei Cicero in eben diesen Büchern über das Gemeinwesen das folgende Epigramm des Ennius:

> Wenn es einem gestattet ist, in der Himmlischen Gefilde aufzusteigen,
> dann tut sich für mich die größte Pforte zum Himmel auf.[39]

(35) Aber damit ich nicht auch noch selbst, während ich auf anderes aus bin, zu einem Philologen oder Grammatiker werde, erinnere ich daran, daß Vortrag und Lektüre der Philosophen zum Ziel des »gelungenen Lebens« leiten müssen,[40] nicht so, daß wir altertümlichen und künstlichen Ausdrücken nachjagen sowie unpassenden Metaphern und Redefiguren, sondern Nutzen versprechenden Weisungen, erhabenen und ermutigenden Worten, die bald in die Tat umgesetzt werden können. So wollen wir uns diese aneignen, daß, was nur Worte waren, Taten sind. (36) Niemand erweist nach meinem Urteil allen Sterblichen einen schlechteren Dienst als diejenigen, die die Philosophie wie irgendein einträgliches Handwerk gelernt haben, die anders leben, als sie zu leben vorschreiben. Denn sie zeigen sich selbst als Beispiele für die Nutzlosigkeit ihrer Lehrtätigkeit, jedem Laster verfallen, das sie verfolgen. (37) Ein solcher Lehrer kann mir nicht mehr helfen als ein beim Sturm seekranker Steuermann. Man muß das Steuerruder festhalten, wenn eine Sturzwelle es aus der Hand reißt, man muß sogar mit dem Meer ringen und dem Sturmwind die Segel entreißen. Was kann mir ein Schiffskommandant helfen, der wie vom Donner getroffen sich übergibt. Eine wie viel gewaltigere Sturmflut, glaubst Du wohl, bricht über Dein Leben herein als über irgendein Schiff? Nicht auf Reden, sondern auf Steuerkunst kommt es an. (38) All ihr Reden, diese Flut von Worten vor lauschender Menge, ist die Weisheit anderer. Platon, Zenon haben das gesagt, ferner Chrysippus, Posi-

talium. Quomodo probare possint sua esse monstrabo: faciant quae dixerint.

(39) Quoniam quae volueram ad te perferre iam dixi, nunc desiderio tuo satis faciam et in alteram epistulam integrum quod exegeras transferam, ne ad rem spinosam et auribus erectis curiosisque audiendam lassus accedas. Vale.

donius und eine unabsehbare Schar so vieler und so bedeutender Persönlichkeiten. Wie sie ihre Ermahnungen als ihr Eigentum beweisen können, das will ich zeigen: sie sollen das tun, was sie verkündet haben.

(39) Da ich bereits zugesichert habe, Dir dies mitzuteilen, was ich vorhatte, will ich nunmehr Deinem Wunsch genügen und auf einen weiteren Brief das verschieben, was Du als noch nicht behandelt eingefordert hast, damit Du nicht an ein heikles Thema, das mit aufmerksamem und wißbegierigem Ohr zu hören ist, ermüdet herantrittst.[41]

Lebe wohl!

Epistula CIX

Seneca Lucilio suo salutem

(1) An sapiens sapienti prosit scire desideras. Dicimus plenum omni bono esse sapientem et summa adeptum: quomodo prodesse aliqui possit summum habenti bonum quaeritur. Prosunt inter se boni. Exercent enim virtutes et sapientiam in suo statu continent; desiderat uterque aliquem cum quo conferat, cum quo quaerat. (2) Peritos luctandi usus exercet; musicum qui paria didicit movet. Opus est et sapienti agitatione virtutum; ita quemadmodum ipse se movet, sic movetur ab alio sapiente. (3) Quid sapiens sapienti proderit? Impetum illi dabit, occasiones actionum honestarum commonstrabit. Praeter haec aliquas cogitationes suas exprimet; docebit quae invenerit. Semper enim etiam sapienti restabit quod inveniat et quo animus eius excurrat. (4) Malus malo nocet facitque peiorem, iram eius incitando, tristitiae adsentiendo, voluptates laudando; et tunc maxime laborant mali ubi plurimum vitia miscuere et in unum conlata nequitia est. Ergo ex contrario bonus bono proderit. (5) 'Quomodo?' inquis. Gaudium illi adferet, fiduciam confirmabit; ex conspectu mutuae tranquillitatis crescet utriusque laetitia. Praeterea quarumdam illi rerum scientiam tradet; non enim omnia sapiens scit; etiam si sciret, breviores vias rerum aliqui excogitare posset et has indicare per quas

109. Brief

Seneca grüßt seinen Lucilius

(1) Ob der Weise dem Weisen nützt, möchtest Du wissen. Wir behaupten, daß der Weise mit jeglichem Gut in Fülle ausgestattet ist und die höchste Stufe erreicht hat.[1] Wie einer einem, der im Besitz des höchsten Gutes[2] ist, nützen kann, diese Frage wird gestellt. Die Guten nützen einander. Sie üben nämlich die Tugenden aus und bewahren die Weisheit in ihrem Zustand. Jeder von ihnen möchte irgendeinen haben, um sich mit ihm zu besprechen, mit ihm zu forschen. (2) Erfahrene Ringer hält Kampfpraxis in Übung; einen Musiker hält einer, der die gleiche Kunst erlernt hat, in Schwung. Auch ein Weiser braucht die Betätigung der Tugenden.[3] So wie er sich selbst in Schwung hält, widerfährt ihm das von einem anderen Weisen. (3) Was wird ein Weiser einem Weisen nützen? Er wird ihm einen Anstoß geben, Möglichkeiten zu sittlichen Handlungen aufzeigen. Überdies wird er irgendwelche eigene Gedanken vortragen und seine Entdeckungen mitteilen. Denn es wird auch für den Weisen immer auch ein Gegenstand bleiben, den er entdecken, und ein Feld, nach dem sein Geist ausgreifen kann. (4) Ein schlechter Mensch schadet einem schlechten und macht ihn minderwertiger, indem er dessen Zorn erregt, dessen Mißstimmung nachgibt und dessen Lüste gutheißt. Dann sind die Schlechten in besonders schlimmer Lage, wenn sie in höchstem Maße ihre Laster vermischt haben und Verwerflichkeit zu Einheit gefügt ist. Dagegen also wird der Gute dem Guten nützen. (5) »Wie?« fragst Du. Freude wird er ihm bringen, sein Selbstbewußtsein stärken, und beim Anblick gegenseitig versicherter Ausgeglichenheit wird beider Frohsinn wachsen.[4] Überdies wird er ihm die Kenntnis einiger Gegenstände vermitteln. Denn der Weise weiß nicht alles.[5] Auch wenn er alles wüßte, so könnte einer doch kürzere Wege zu Erkenntnissen ausdenken und diese

facilius totum opus circumfertur. (6) Proderit sapienti sapiens, non scilicet tantum suis viribus sed ipsius quem adiuvabit. Potest quidem ille etiam relictus sibi explicare partes suas: utetur propria velocitate, sed nihilominus adiuvat etiam currentem hortator.

'Non prodest sapienti sapiens sed sibi ipse. Hoc ⟨ut⟩ scias, detrahe illi vim propriam et ille nihil aget.' (7) Isto modo dicas licet non esse in melle dulcedinem; nam ipse ille qui esse debeat ⟨nisi⟩ ita aptatus lingua palatoque est ad eiusmodi gustum ut illum talis sapor capiat, offendetur; sunt enim quidam quibus morbi vitio mel amarum videatur. Oportet utrumque valere ut et ille prodesse possit et hic profuturo idonea materia sit.

(8) '⟨Ut⟩ in summum' inquit 'perducto calorem calefieri supervacuum est, et in summum perducto bonum supervacuum est ⟨si⟩ qui prosit. Numquid instructus omnibus rebus agricola ab alio instrui quaerit? numquid armatus miles quantum in aciem exituro satis est ulla amplius arma desiderat? Ergo nec sapiens; satis enim vitae instructus, satis armatus est.' (9) Ad haec respondeo: et qui in summum ⟨perductus est calorem⟩ opus est calore adiecto ut summum teneat. 'Sed ipse se' inquit 'calor continet.' Primum multum interest inter ista quae comparas. Calor enim unus est, prodesse

weisen, durch die sein ganzes Werk leichter verbreitet wird.
(6) Nützen wird der Weise dem Weisen selbstverständlich nicht nur mit seinen eigenen Kräften, sondern auch gerade mit denen desjenigen, den er unterstützen wird.[6] Jener kann gewiß auch sich allein überlassen seine Aufgabe bewältigen. Er wird die ihm eigene Schnelligkeit zur Geltung bringen. Aber trotzdem hilft auch einem Eilenden ermunternder Zuruf.
»Der Weise nützt nicht dem Weisen, sondern sich selbst. Nimm ihm, um dies zu wissen, die eigene Kraft, und er wird nichts zustande bringen.« (7) Nach diesem Gedankengang könntest Du behaupten, Honig sei nicht süß. Denn wenn nicht eben jener, der ihn essen soll, Zunge und Gaumen auf eine Kostprobe dieser Art abgestimmt hat, daß ihn ein solcher Geschmack anlockt, dann wird er sich abgestoßen fühlen. Es gibt ja einige Leute, denen durch einen krankheitsbedingten Mangel Honig bitter zu sein scheint. Die Gesundheit beider ist unverzichtbar dafür, daß jener nützen kann, und dieser dem, der nützen soll, die geeignete Voraussetzung dazu bietet.[7]
(8) »Wie es sinnlos ist«, lautet der Einwand, »einen auf den höchsten Hitzegrad gebrachten Körper weiter zu erhitzen, so ist es auch sinnlos, wenn einer einem nützen wollte, der das höchste Gut erlangt hat. Sucht etwa ein mit allen erdenklichen Geräten ausgestatteter Bauer, sich von einem anderen ausstatten zu lassen? Möchte etwa ein Soldat, so gut gerüstet, wie ihm dies beim Ausrücken aufs Kampffeld genügt, noch sonst irgendwelche Waffen? Also auch nicht der Weise. Er ist ja für das Leben gerüstet und reichlich gewappnet.« (9) Darauf antwortete ich: »Auch ein auf den höchsten Hitzegrad gebrachter Körper bedarf der Hitzezufuhr, damit er den höchsten Hitzegrad beibehält.« »Aber die Hitze«, lautet der Einwand, »erhält sich selbst.« Zunächst besteht unter Deinen Vergleichsgegenständen ein großer Unterschied. Hitze ist nämlich eine einheitliche Qualität, das Erweisen von Nutzen eine vielfältige Mög-

varium est. Deinde calor non adiuvatur adiectione caloris ut caleat: sapiens non potest in habitu mentis suae stare nisi amicos aliquos similes sui admisit cum quibus virtutes suas communicet. (10) Adice nunc quod omnibus inter se virtutibus amicitia est; itaque prodest qui virtutes alicuius paris sui amat amandasque invicem praestat. Similia delectant, utique ubi honesta sunt et probare ac probari sciunt. (11) Etiamnunc sapientis animum perite movere nemo alius potest quam sapiens, sicut hominem movere rationaliter non potest nisi homo. Quomodo ergo ad rationem movendam ratione opus est, sic ut moveatur ratio perfecta opus est ratione perfecta. (12) Prodesse dicuntur et qui media nobis largiuntur, pecuniam, gratiam, incolumitatem, alia in usus vitae cara aut necessaria; in his dicetur etiam stultus prodesse sapienti. Prodesse autem est animum secundum naturam movere virtute sua. Ut eius qui movebitur, hoc non sine ipsius quoque qui proderit bono fiet; necessest enim alienam virtutem exercendo exerceat et suam. (13) Sed ut removeas ista quae aut summa bona sunt aut summorum efficientia, nihilominus prodesse inter se sapientes possunt. Invenire enim sapientem sapienti per se res expetenda est, quia natura bonum omne carum est bono et sic quisque conciliatur bono quemadmodum sibi.

(14) Necesse est ex hac quaestione argumenti causa in alteram transeam. Quaeritur enim an deliberaturus sit sapiens,

lichkeit. Sodann wird Hitze nicht durch Hitzezufuhr dazu gefördert, daß sie heiß ist. Der Weise kann bei seinem geistigen Zustand nur verbleiben, wenn er einigen befreundeten Leuten seinesgleichen Zugang zu sich gewährt, um mit ihnen seine Tugenden zu teilen. (10) Bedenke nunmehr weiter, daß zwischen allen Tugenden Freundschaft besteht.[8] Deshalb nützt derjenige, der Tugenden irgendeiner ihm gleichen Person liebt und seinerseits die Liebenswürdigkeit seiner Tugenden zeigt. Ähnliche Eigenschaften erfreuen, besonders wenn sie sittlich sind und sich auf gegenseitige Anerkennung verstehen. (11) Ferner kann den Geist eines Weisen nur ein Weiser sachkundig beeinflussen, so wie einen Menschen in vernünftiger Weise einzig ein Mensch beeinflussen kann. Wie also zur Beeinflussung der Vernunft Vernunft erforderlich ist, so ist, damit vollkommene Vernunft beeinflußt wird, vollkommene Vernunft erforderlich.[9] (12) Es wird behauptet, auch die nützten uns, die uns Mittelwerte[10] zukommen ließen, nämlich Vermögen, Sympathie, Unversehrtheit und anderes für die Lebensbedürfnisse Wertvolles und Notwendiges. Dabei, so wird man sagen, nützt auch ein Tor einem Weisen.[11] Nützen aber bedeutet, den Geist gemäß der Natur durch eigene Tugend zu beeinflussen. Wie dies nicht ohne ein Gut desjenigen geschehen wird, der beeinflußt wird, so auch nicht ohne ein Gut gerade dessen, der nützen wird. Denn notwendigerweise übt er durch Übung der Tugend eines anderen auch seine eigene. (13) Aber magst Du auch dies, was die höchsten Güter sind oder die diese bewirkenden Ursachen, außer acht lassen, so können die Weisen einander doch nützen. Denn einen Weisen zu finden ist für einen Weisen ein an sich zu erstrebendes Ziel[12], weil von Natur jedes Gut für einen sittlich Guten wertvoll ist und weil jeder mit einem Guten so in Einklang gebracht wird wie mit sich selbst.
(14) Ich muß von dieser Frage um der Beweisführung willen auf ein anderes Thema übergehen. Es wird nämlich die Frage gestellt, ob ein Weiser allein seine Entscheidung fällen

an in consilium aliquem advocaturus. Quod facere illi necessarium est cum ad haec civilia et domestica venitur et, ut ita dicam, mortalia; in his sic illi opus est alieno consilio quomodo medico, quomodo gubernatori, quomodo advocato et litis ordinatori. Proderit ergo sapiens aliquando sapienti; suadebit enim. Sed in illis quoque magnis ac divinis, ut diximus, communiter honesta tractando et animos cogitationesque miscendo utilis erit. (15) Praeterea secundum naturam est et amicos conplecti et amicorum auctu ut suo proprioque laetari; nam nisi hoc fecerimus, ne virtus quidem nobis permanebit, quae exercendo sensu valet. Virtus autem suadet praesentia bene conlocare, in futurum consulere, deliberare et intendere animum: facilius intendet explicabitque qui aliquem sibi adsumpserit. Quaeret itaque aut perfectum virum aut proficientem vicinumque perfecto. Proderit autem ille perfectus, si consilium communi prudentia iuverit. (16) Aiunt homines plus in alieno negotio videre quam in suo. Hoc illis evenit quos amor sui excaecat quibusque dispectum utilitatis timor in periculis excutit: incipiet sapere securior et extra metum positus. Sed nihilominus quaedam sunt quae etiam sapientes in alio quam in se diligentius vident. Praeterea illud dulcissimum et honestissimum 'idem velle atque idem nolle' sapiens sapienti praestabit; egregium opus pari iugo ducet.

oder ob er einen anderen zu Rate ziehen wird. So zu handeln, ist für ihn unvermeidbar, wenn es um politische und private, d. h. sozusagen um der sterblichen Welt zugehörige Anliegen geht. Bei diesen bedarf er so des Rates eines anderen, wie ein Arzt, wie ein Steuermann, wie ein Anwalt und der Einleiter eines Prozesses[13]. Es wird also der Weise dem Weisen dann und wann nützen. Er wird ihm nämlich einen Rat geben. Aber auch in jenen großen, die Gottheit betreffenden Fragen wird er, wie wir sagten, durch gemeinschaftliche Behandlung der Sittlichkeit und durch die Verbindung des Geistes und der Gedanken nützlich sein. (15) Überdies ist es naturgemäß, in enger Verbindung mit seinen Freunden zu sein und sich über den Erfolg der Freunde so wie über seinen eigenen zu freuen. Denn wenn wir dies nicht tun, wird uns auch die Tugend nicht bleiben, die durch die Ausübung unseres Urteilsvermögens wirkt. Die Tugend aber rät, die Gegenwart gut zu ordnen, sich für die Zukunft zu beraten, Entscheidungen zu treffen und seinen Geist wach zu halten. Dies wird leichter zustande bringen und den Geist entwickeln, wer einen Mitmenschen an seine Seite zieht. Er wird also entweder einen vollkommenen oder voranschreitenden und der Vollkommenheit nahen Menschen suchen.[14] Es wird aber jener Vollkommene nützen, wenn er eine Überlegung durch gemeinsame Klugheit unterstützt.[15] (16) Man behauptet, daß Menschen bei einem Unternehmen eines anderen mehr als beim eigenen sehen. Dies kommt bei denen vor, die ihre Eigenliebe blendet und denen Furcht inmitten von Gefahren die Wahrnehmung ihres Vorteils unmöglich macht. Sich weise zu verhalten wird beginnen, wer gelassener und fern von Furcht ist. Aber es gibt doch einige Eigenschaften, die auch Weise an einem anderen genauer als bei sich sehen. Ferner wird der Weise dem Weisen jene überaus begrüßenswerte und ganz der Sittlichkeit entsprechende Forderung, »dasselbe zu wollen und dasselbe nicht zu wollen«,[16] erfüllen. Ihr außerordentliches Werk wird sie unter demselben Joch führen.

(17) Persolvi quod exegeras, quamquam in ordine rerum erat quas moralis philosophiae voluminibus conplectimur. Cogita quod soleo frequenter tibi dicere, in istis nos nihil aliud quam acumen exercere. Totiens enim illo revertor: quid ista me res iuvat? fortiorem fac me, iustiorem, temperantiorem. Nondum exerceri vacat: adhuc medico mihi opus est. (18) Quid me poscis scientiam inutilem? Magna promisisti: exhibe fidem. Dicebas intrepidum fore etiam si circa me gladii micarent, etiam si mucro tangeret iugulum; dicebas securum fore etiam si circa me flagrarent incendia, etiam si subitus turbo toto navem meam mari raperet: hanc mihi praesta curam, ut voluptatem, ut gloriam contemnam. Postea docebis inplicita solvere, ambigua distinguere, obscura perspicere: nunc doce quod necesse est. Vale.

(17) Ich habe die Forderung, die Du an mich gestellt hast, erfüllt, wenngleich das Thema in die Reihe der Gegenstände gehört hätte, die wir in den Büchern über Moralphilosophie zusammenfassend darstellen.[17] Bedenke – was ich immer wieder einzuschärfen pflege –, daß wir bei diesen Deinen Fragestellungen nur den Scharfsinn üben.[18] So oft komme ich ja darauf zurück: Was nützt mir dies? Mach mich tapferer, gerechter und maßvoller! Noch habe ich nicht die Zeit, mich zu üben. Noch bedarf ich des Arztes[19]. (18) Wozu forderst Du von mir nutzloses Wissen? Großes hast Du versprochen. Halte Dein Wort! Du sagtest, ich sei in Zukunft furchtlos, auch wenn um mich die Schwerter blinkten, auch wenn mir ein Dolch an der Kehle säße. Du sagtest, ich sei gelassen,[20] auch wenn mich Flammen umzüngelten, auch wenn ein plötzlicher Wirbelsturm mein Schiff über das ganze Meer dahinjagte. Dafür trage mir Sorge, daß ich Vergnügen, daß ich Ruhm gering achte! Später wirst Du mich lehren, verwickelte Fragen zu lösen, mehrdeutige Begriffe zu klären und schwerverständliche Probleme zu durchschauen. Jetzt lehre, was notwendig ist![21]
Lebe wohl!

Zur Textgestalt

Der lateinische Text folgt der Oxford-Edition von L. D. Reynolds: L. Annaei Senecae ad Lucilium Epistulae morales. 2 Bde. Oxford: Clarendon Press, 1965, ⁷1991. Die Grenze zwischen den Büchern 17 und 18 ist in der Überlieferung nicht bezeichnet. Markiert ist der Beginn von Buch 17 mit Brief 101 und das Ende von Buch 18 mit Brief 109. – Schreibformen wie *iudicis, idem, inplicta* wurden durch die geläufigeren *iudiciis, eidem, inplicita* (u. ä.) ersetzt.

An folgenden Stellen weicht unser Text von der genannten Ausgabe ab:

	Reynolds	*Reclam*
102,28	*** necessariisque cohaerebit	cum naturalibus necessariisque
104,11	aeque vide †ut videres†	aeque vide cum virent
104,27	†sivere† aut in bello fuit	sive aut in bello fuit
104,29	†intacta† concipiente	in pace concipiente
104,29	†inseruisse se dixisse†	in servis eluxisse
105,3	†pars innotarum sunt sic raro†	parva, si parum nota sunt, si rara
107,5	***deincepsque	deinde tela
108,31	†et aliqui qui†	et alii argui
109,16	†initio†	quam in suo

Anmerkungen

101. Brief

1 Zur Klimax *dies – hora* vgl. epist. 104,12.
2 Zur Sache vgl. epist. 15,11; zur *fragilitas* als Terminus technicus für die Bezeichnung der Hinfälligkeit menschlicher Existenz vgl. epist. 98,1 mit Anm. 3 und Marc. 11,3 und zu der allen Menschenwerks vgl. epist. 91,7–12 sowie 95,5–10. Der Tod reißt den Menschen von den *indifferentia* fort (epist. 99,12 mit Anm. 14). Zur Verfügung über die Zeit vgl. 16. Buch, Nachwort, S. 71, Anm. 9 (98. Brief).
3 Senecio ist ein nicht näher bekannter römischer Ritter und Karrierist (oder eine fiktive Person?), der, der *avaritia* und der *ambitio*, den römischen Nationallastern verfallen, die Allgegenwart des Todes nicht erkennt (§ 1). Die Anprangerung dieser Haltung ist im Topos der protreptischen Literatur (Hor. carm. 3,1,9–21; auch 2,18,4–27; 3,29,25–33). Senecio hat sein eigentliches Selbst vergessen (vgl. epist. 98,9.14). Zu Senecas Haltung zum Reichtum vgl. M. Fuhrmann, S. 223–242.
4 Die *frugalitas* (zu ihrem Bedeutungsfeld epist. 56,10; 73,15; 88,30) ist philosophischer Haltung nicht fern (vgl. epist. 5,4 f.; 17,5). In epist. 73,15 ist sie unter den Kardinaltugenden genannt.
5 Zur Plötzlichkeit eines Ereignisses, auf das der Philosoph vorbereitet ist, vgl. epist. 91,1; 98,1; 102,1 f.
6 Verg. ecl. 1,73; dort spricht Meliboeus, der durch Enteignungen für Veteranen sein Landgütchen verlassen muß, über seine Heimatlosigkeit in einer Welt des Wandels, in der Zukunftsplanung scheitert.
7 *stultus/demens* ist nach der Lehre der Stoa jeder, der die Ordnung der Natur und damit das Gesetz des Wandels nicht erkannt hat (vgl. epist. 99,7.18).
8 Zu Unangemessenheit des Sichwunderns und der Betroffenheit über das Weltgeschehen vgl. Anm. 1 zu epist. 96,1, Anm. 4 zu epist. 99,3.
9 Zur Unausweichlichkeit des Naturgesetzes vgl. u. a. epist. 107,9; 31,11; 16,5; 77,12; Cic. nat. deor. 1,39; 2,77 und schon Plat. leg. 741a.

10 Ein Rückverweis auf die Behandlung der Zeitproblematik in epist. 1,2; vgl. auch Nachwort, S. 126 f., 134.
11 Zu Wortwahl und Zusammenhang vgl. epist. 71,14 f. und vita 25,5.
12 Dem Wechsel des scheinbar Zufälligen (*volutatio, varietas, mobilitas*, vgl. epist. 71,15; 88,7) steht der in sich gefestigte *animus* gegenüber; ähnlich epist. 98,3; 99,9.
13 *securus* ist vorbereitet durch *mens stabilita* und *certus* (§ 9); vgl. zur Haltung der *securitas* inmitten von Untergang epist. 91,2; als philosophischer Terminus technicus epist. 97,15 mit Anm. 17 und 105,7.
14 Zu Maecenas vgl. epist. 19,9 f. mit Anm. 7; 92,35 mit Anm. 66. Maecenas, dem würdeloses Hängen am Leben angelastet wurde, ist für Seneca Gegenbild zum Heroismus des Stoikers Cato Uticensis (vgl. epist. 98,12 mit Anm. 12; epist. 104,21.29–33). Die Anprangerung dieser Haltung des Maecenas war verbreitet (vgl. Velleius Paterculus 2,88,2). Die Verse sind nur hier überliefert.
15 Verg. Aen. 12,646; Worte des Turnus, König der Rutuler, einem Volk in Latium. Er war Gegenspieler des Aeneas.
16 Vielleicht beabsichtigter Bezug zu epist. 61,4.
17 Die gräßlichen Formen der Kreuzigung hat Anna Maria Liberati dargestellt in: *Archeo* XIII (Gennaio 1997) S. 87 ff.
18 Die Formulierung, § 13 aufnehmend, preist den Tod als Erlösung davon, schuldig zu werden, eine sonst die Christen kennzeichnende Haltung.

102. Brief

1 Zu den *magni viri* vgl. epist. 108,21; hier sind Pythagoras und Platon gemeint.
2 Zum plötzlichen Eintritt von Ereignissen vgl. epist. 101,2 ff. mit Anm. 5.
3 Vgl. § 21.
4 Damit spielt Seneca auf epist. 21,2 an. Die Vieldeutigkeit des Begriffes *claritas* macht er sich zunutze, wie besonders ab § 17 deutlich wird. Vgl. auch epist. 91,16; 92,5.17 und besonders benef. 3,29,4.
5 Das Gemeinte wird in § 7 deutlich.
6 Etwa die Willensfreiheit bei der Annahme einer geschlossenen

Anmerkungen 115

Kausalkette; zum Zusammenhang Ethik – Logik / Dialektik – Physik vgl. epist. 117.

7 Solche Aufreihungen gehören zum Stil der Paränese (epist. 104,13.16; 106,7; Hor. epist. 1,18,96–103; sat. 2,8,73–76 u. ä.).

8 Zu diesem Hinweis auf die geplante Gesamtdarstellung der Ethik vgl. epist. 106,2 mit Anm. 3.

9 Mit den Fragen der Dialektik hat sich Seneca in einer Reihe von Briefen auseinandergesetzt (besonders 48, 49, 82, 83, 85). Zum Begriff der Dialektik vgl. Anm. 21 zu epist. 45. Er beurteilt sie wie in diesem Brief meist negativ als Ursache für Zeitverlust (dazu epist. 45,4 f.8.10; 48,12; 108,12; 111,1; vgl. H. P. Bütler, S. 61 Anm. 61; Cancik, S. 35–45). Das Ziel der Philosophie, moralische Belehrung, wird durch Dialektik verstellt (epist. 88,28.42; 117,12). Schon Cicero hat ähnlich geurteilt.

10 Die Prämisse des § 3 f., daß die *claritas* als ein Zusammengesetztes kein Gut sei, wird nunmehr überprüft. Seneca unterscheidet im Sinne der Stoa zwischen in sich geschlossenen Körpern einerseits und voneinander getrennten bzw. einem Aggregat von Körpern (ἡνωμένα, διεστῶτα, συνημμένα) andererseits. Nur jene können ein *bonum* sein; denn nur sie haben einen Zustand (*habitus* = διάθεσις), weil nur sie vom göttlichen Pneuma (*spiritus*) als einem leitenden Prinzip (ἡγεμονικόν der Welt – auch als κυριεῦον καὶ κρατοῦν definiert; vgl. *spiritus* in epist. 104,2 von der Einheit der Eheleute) bestimmt werden (vgl. Cic. nat. deor. 2,29). Dieses materielle Pneuma ist *natura sentiens* und *ratio perfecta* (Cic. acad. 1,28). Zur Bestimmung in sich geschlossenen Körpern durch die Physis / *natura*, getrennter bzw. zusammengefügter durch den Nomos (*iure*) vgl. das Besitzverhältnis epist. 117,15. Zur Sache vgl. Diog. Laert. 7,139 und Plut. *De repugnantiis Stoicorum* 1053 F. Zum Hegemonikón als leitendem Prinzip der Welt bzw. der Menschenseele vgl. epist. 92,1 und 113,23; M. Pohlenz I, S. 83 und 95.

11 Die Argumentation der Dialektiker geht von falschen Prämissen aus: *insignes/spectabiles* = *boni/sapientes*; *opinio* = *iudicium* u. a.

12 *laus* sollte ein Urteil der Vernunft sein und sich an den Geist anderer wenden. Diese Stelle ist mit § 7 zu erklären.

13 *iudiciis* ist hier ungenau für *opinionibus* verwendet. Das Urteil der Menge ist nach der Meinung der antiken Philosophen ohne Wert; vgl. aber epist. 117,6.

14 Die Gerechtigkeit wendet sich als Sozialtugend mehr als die anderen *virtutes* an die Mitmenschen (Cic. off. 1,20; 2,31; rep. 3,11; Aristot. NE 1129b 28ff.).
15 Zur Bewertung der Dialektik vgl. Anm. 9 und besonders epist. 48,10–15.
16 Eine Formel der Diskussion ist *dic potius* u. ä. (epist. 87,20; 110,28; 113,26; besonders 117,19). Die Betrachtung der Ordnung des Kosmos soll zu sittlichem Handeln und zur Erkenntnis der Größe des *animus* führen (vgl. epist. 64,6; 79,11 u. ö.). Dies ist ein stoischer Gedanke (Cic. nat. deor. 2,37; Tusc. 1,47.69; Cato m. 77), der auf Platon zurückgeht (Tim. 47c–d; 90c–d).
17 Den Kosmos hat der Stoiker als gemeinsame Heimat mit der Gottheit; er ist Kosmopolit (epist. 28,4f.; 31,11 u. ö.). Vgl. dazu Plat. Gorg. 507e–508a.
18 Vgl. tranq. an. 11,2–4; Plut. mor. 474d.
19 Daß der leibliche Tod Beginn des wahren Lebens ist (vgl. Cic. rep. 6,15), frei von den Fesseln des Leibes (Cic. rep. 6,26.29; Tusc. 1,74f.), ist ein platonischer Gedanke (Plut. Phaed. 666–667d u. ö.).
20 *Contubernium* bezeichnet als juristischer Terminus das eheähnliche Zusammenleben eines Freien mit einer Sklavin, sonst das Nahverhältnis eines jungen Römers zu dem Prätor (Statthalter), dem er sich angeschlossen hat. Metaphorisch verwendet, hat es meist einen despektierlichen Ton (epist. 95,10; 104,20; 107,3).
21 Der Vergleich stammt aus der Vorstellungswelt der Mysterienreligionen (vgl. epist. 95,64).
22 Die Lichtfülle der supralunaren Welt, der Heimat des *animus*, der von der Erdenlast befreit ist, wird mit einer Fülle von Vokabeln umschrieben (vgl. Cic. rep. 6,16). Wohl absichtlich verwendet Seneca *fulgor*, mit dem er in epist. 21,1f. den (Schein-)Glanz der irdischen Welt bezeichnet hat, so wie *obscurum* dort durch Fehlurteil das jenseitige Leben bezeichnet hat. Zur Allegorie der Lichtfülle ist der Vergleich mit epist. 79,11–13 instruktiv.
23 Der Gedanke, ausgebreitet in Cic. Tusc. 1,46f., geht über Plat. Theaet. 184b–d bis auf Epicharmos zurück (frg. Phil. Graec. 1, S. 144, Mullach).
24 Zu den Göttern als Zeugen des Menschenlebens vgl. Cic. leg. 2,16 und off. 3,104.

25 Seneca nahm wie Cicero zur Ewigkeit der Seele eine schwankende Stellung ein. Vgl. Cic. Tusc. 1,77.
26 Verg. Aen. 4,3 f.: die Worte der Karthagerin Dido, der die Erinnerung an Aeneas nicht mehr aus dem Sinn kommt.

103. Brief

1 Vgl. epist. 98,7 f.
2 Vgl. Cic. off. 2,19(b)–20.
3 Vgl. epist. 101,2–4 mit Anm. 3.
4 Vgl. mit dieser pessimistischen Sicht des Menschen die optimistische in epist. 104,26 und 108,8.
5 Ähnlich wird die Philosophie in epist. 55,4 umschrieben. Als Beschützerin begegnet sie in epist. 16,5 (vgl. epist. 53,8). Zu diesem Preis der Philosophie vgl. Cic. Tusc. 5,5 und ihre indirekte Anrufung am Ende dieses Buches (epist. 109,17 f.). Zur Stellung und Zielsetzung der Philosophie im Hellenismus vgl. M. Hossenfelder, S. 23 ff.
6 Vgl. epist. 16,3; 20,2; 94,9. Ausführlich spricht Seneca diese Warnung in epist. 5,2–5 aus. Es ist dies ein Gemeinplatz der hellenistischen Philosophie, wie Cic. Tusc. 2,117 zeigt. Die *insolentia* ist das Trugbild der *magnitudo animi* (epist. 87,32). Zu *sapere* vgl. epist. 117 (pass.).

104. Brief

1 Senecas Weingut bei Nomentum nordöstlich von Rom war überaus ertragreich, wie Columella 3,3,3 mitteilt. Er besaß auch noch andere Güter. In nat. quaest. 3,7,1 spricht er von seiner Erfahrung als Winzer.
2 Von der Gefährlichkeit des Fiebers in Rom wird oft berichtet; dazu Hor. epist. 1,7,8. Vgl. auch Fuhrmann, S. 45, und Maurach, *Seneca*, S. 26–29.
3 Eine Metapher aus dem Rechtswesen (epist. 1,2).
4 Seneca erwähnt seine zweite Frau Paulina nur an dieser Stelle. Der Historiker Tacitus vermittelt in seinem Bericht (ann. 15,63,1 f.) das Bild tiefer Verbundenheit beider.
5 Gemeint ist Novatus, so genannt durch Adoption, Senecas älterer Bruder. Für Seneca war er Vorbild an Tugendhaftigkeit; vgl. nat. quaest. 8 (4a) praef. 10; M. Fuhrmann, S. 22 ff.

Anmerkungen

6 Zu Senecas kritischer Haltung zum Suizid vgl. epist. 98,16 mit Anm. 24 und epist. 117,22 f.
7 Einen Eindruck vom Leben in der Großstadt bietet z. B. J. Carcopino, *Rom, Leben und Kultur der Kaiserzeit*, Stuttgart 1977, S. 75–85.
8 Vgl. epist. 28,2; zum Gedanken vgl. Aeschines, in Ktes. 78.
9 Diese Städte waren beliebte Reiseziele der römischen Aristokratie und geschätzte Studienaufenthalte für Philosophie und Rhetorik (Cic. fin. 5,1 ff.; Brut. 151; 316; off. 1,1).
10 Hier sind die wichtigsten *indifferentia* aufgezählt, denen erst die falsche Beurteilung durch die Affekte, die *perturbationes* (Neid/Mißgunst, Ehrgeiz und Furcht), eine ungebührliche Bedeutung gibt.
11 Verg. Aen. 3,282.
12 Vgl. epist. 28,2: Übrigens wertet er im Sinne dieser Stelle den Vergilvers um.
13 Vgl. epist. 99,2.
14 Zur Einbeziehung des Menschen in die Naturordnung vgl. epist. 41,3.
15 Vgl. epist. 101,1.
16 Zu *sapere* vgl. epist. 117,3 u. ö.
17 *iactatio/iactari*, ein der Seefahrt entnommener Begriff (epist. 28,1; 108,37) wird oft auf die Unsicherheit des Schicksals übertragen (epist. 99,9; ad Helv. 7,3). *iactatio* ist synonym mit *inconstantia*.
18 Den Nutzen von Reisen durch die Kenntnis fremder Völker und der damit möglicherweise verbundenen Erkenntnis der Naturordnung – ein Ziel der Stoiker (epist. 95,64; 102,28) – hebt Seneca aus eigener Erfahrung hervor (vgl. ad Helv. 6,6; nat. quaest. 3, praef. 10). Dies ist bei der Reiselust vieler antiker Denker ein verbreiteter Gedanke.
19 Ein juristischer Begriff für die Befreiung eines Sklaven in der Form der *manumissio per vindictum*. Ein *assertor* (Befreier) erhob Anspruch auf den Besitz eines Sklaven durch Auflegen eines Stockes auf seinen Kopf und gab ihm dann die Freiheit. Daß der dem Nichtwissen verfallene Mensch ein Sklave sei, ist ein seit Platon verbreiteter Gedanke aller Philosophenschulen. Zum folgenden »zu erstreben ist« vgl. epist. 117,4 f.
20 Vgl. epist. 28,5.
21 Die *gestatio* spielt auf die Reise in der *sella gestatoria* an.

Anmerkungen 119

22 Zu Cato Uticensis vgl. Anm. 29. – Laelius ist Dialogpartner in Ciceros *De re publica*; *De amicitia* hat Cicero ihm gewidmet. Er war 140 v. Chr. Konsul. – Aemilius Tubero, philosophisch gebildeter Jurist, ist ebenfalls Gesprächspartner in *De re publica*.

23 Zenon von Kition auf Zypern (340–265) ist Gründer der Stoa. Vgl. Anm. 4 zu epist. 6,6. – Zu Sokrates vgl. § 27–29.

24 Chrysippus aus Soloi in Kilikien (276–204), Schulleiter der Stoa, hat grundlegende Beiträge zur Ausbildung des stoischen Systems erbracht (»Wäre Chrysipp nicht, gäbe es die Stoa nicht.«); vgl. Anm. 14 zu epist. 9,14; Anm. 2 zu epist. 33,1. – Posidonius von Apameia (135–50), Vertreter der sog. Mittleren Stoa und von Cicero geschätzt, war Universalgelehrter; vgl. Anm. 2 zu epist. 33,4.

25 Zu der häufigen Metapher von den Pfeilen (*tela*) der *fortuna* vgl. Anm. 30 zu epist. 99,32; 102,7. Der Weise ist wie ein erfahrener Soldat gegen die Fortuna gewappnet (epist. 56,13; 67,6; 85,26).

26 Die *magnitudo animi*, von Panaetius an die Stelle der seit Platon kritisch beurteilten *fortitudo* gesetzt bzw. mit ihr verbunden (Cic. off. 1,61–92), zeigt sich in der Überlegenheit über die *indifferentia* – hier *eventura* –; im folgenden ist sie mit *spiritus excelsus* und Übereinstimmung mit der Weltordnung umschrieben.

27 Verg. Aen. 6,277.

28 Zum *exemplum* als Mittel der Argumentation vgl. Anm. 22 zu epist. 100; epist. 6,5 sowie 102,30. Sokrates war unvermögend, bewährte sich als Soldat außerordentlich, war mit der viel jüngeren Xanthippe verheiratet, deren Bösartigkeit der Legendenbildung angehört, hat der Gewaltherrschaft der von den Spartanern eingesetzten Dreißig Tyrannen getrotzt und wurde in der Demokratie wegen »Verführung der Jugend« und Gottlosigkeit auf Anklage eines Sophisten – den Wertrelativismus der Sophisten hat er bekämpft – zum Tod verurteilt.

29 M. Cato wird oft zusammen mit Sokrates als *exemplum* angeführt (epist. 13,4; 24,4; 64,10; 67,7; 71,7.15 f.; 79,14); vgl. Anm. 19 zu epist. 98,12. Für die Stoiker war er Beispiel des römischen *vir bonus* (Sen. Const. sap. 1,7) und für die stoische Opposition gegen das Kaiserhaus (Lucan 1,128: *Victrix causa deis placuit, sed victa Catoni*). Ausführlich dazu epist. 95,70–72.

30 Verg. Aen. 1,458; Noblot bemerkt zur Stelle, mit dem Atriden, d. h. mit Agamemnon, sei auf Pompeius, den Sieger über König Mithridates von Pontus, und über die Seeräuber angespielt.

31 Catos Kandidatur um die Prätur und um das Konsulat (55 bzw. 53 v. Chr.) scheiterten; s. auch ad Helv. 13,6 und de prov. 3,14.
32 Das *auctoramentum* ist die Übergabe des Haussohnes kraft der *potestas patria* durch Verkauf an einen anderen. Der Sohn verlor als *auctoratus* die persönliche Freiheit. Vgl. dazu *Der Kleine Pauly*, Bd. 1, Sp. 729. Zur Metapher vgl. auch epist. 69,4.
33 Innere Freiheit setzt die Geringachtung der *indifferentia*, besonders des Todes, voraus (Gegenbeispiel ist Maecenas, epist. 101,10 ff.). Zum Freiheitsbegriff Senecas vgl. Maurach, *Seneca*, S. 175. *libertas* wird hier wie in ad. Marc. 1,1 ff. auch politisch verstanden.

105. Brief

1 Zur Bedeutung des Begriffs *praeceptum* vgl. epist. 95,12. Die *praecepta* können nur äußere (relative) Sicherheit geben.
2 Adrea, eine Stadt von geschichtlicher Bedeutung im südlichen Latium, lag auf einem Hügel in sumpfigem Gebiet und galt deshalb als sehr ungesund.
3 Über die von Menschen ausgehende Zerstörung vgl. epist. 103,1 und Cic. off. 2,16 f.
4 Auch Cicero empfiehlt *mediocritas* im Auftreten (off. 2,59 f.).
5 Zu diesem oft vorgetragenen Gedanken vgl. Cic. off. 2,24.
6 Vgl. epist. 97,15 mit Anm. 17; *securitas* ist die aus innerer Harmonie kommende Sicherheit und Freiheit von Sorge.
7 Zur Bedeutung von freundschaftlichen Beziehungen in der römischen Gesellschaft vgl. J. Bleicken, *Die Verfassung der römischen Republik*, Paderborn 1982, S. 123 f., und Anm. 5 zu epist. 99,3.
8 Vgl. epist. 97,14 und Cic. off. 2,24.
9 Zu der für Seneca grundlegenden Bedeutung des Gewissens vgl. Anm. 13 zu epist. 97,12.15.
10 Dafür, daß die böse Tat ihre Strafe in sich trägt, vgl. epist. 97,16 und Cic. rep. 3,33 nach Plat. rep. 579a–b.

106. Brief

1 Vgl. epist. 101,1–5.
2 Zu den Folgen der Störung des *ordo docendi* vgl. epist. 108,1 f. Die Lernbegeisterung des Lucilius verursacht eine gefährliche Störung dieses *ordo* (vgl. Nachwort). Zum *ordo docendi* bei den

Stoikern – es ging dabei um die Reihenfolge der drei Gebiete der Philosophie: Logik, Physik und Ethik, die durch das gemeinsame Prinzip des Logos verbunden waren – vgl. Pohlenz, *Die Stoa* I, S. 35; Plut. *De repugnantiis Stoicorum* 1035a–1036a (polemisch), und Diog. Laert. 7,40.

3 Vgl. epist. 88,2 und besonders 108,1.
4 Die Stoa vertritt auch in diesem Punkt die Gegenposition zu Platon, der (Phaedr. 246c) die Seele aus sich selbst bewegt, immateriell und ewig, sowie als Bewegungsursache des Körpers charakterisiert.
5 Eine Redensart zur Hervorhebung einer Behauptung; vgl. epist. 118,6.
6 Zur Bezeichnung der Laster als Krankheit der Seele vgl. Cic. Tusc. 4,23, der Chrysipp wiedergibt. Vgl. Sen. epist. 75,11; Stoic. vet. frg. 3,421: νόσημα . . . εἶναι δόξαν ἐπιθυμίας ἐρρυηκυῖαν εἰς ἕξιν . . .
7 Lucrez 1,304.
8 *Latrunculi* war ein Brettspiel (vgl. epist. 102,20 f. und 117,30). Siehe auch Martial 7,22,7 sowie J. Carcopino, *Rom. Leben und Kultur der Kaiserzeit*, Stuttgart 1977, S. 346, ferner die Abbildung und Beschreibung in: *Hispania Romana* (Ausstellungskatalog), hrsg. von J. Arce, S. Ensoli und E. La Rocca, Rom 1997, S. 341.

107. Brief

1 Zur Verbindung von *prudentia* und *magnitudo animi* vgl. epist. 98,8.16 (*magnitudo animi* jeweils umschrieben). Zur Bedeutung der *prudentia* vgl. Nachwort zu epist. 108; zur Einordnung der *prudentia* vgl. epist. 74,29, zur Umschreibung epist. 104,23 f.
2 Vgl. epist. 96,1 und 91,1.
3 *ridiculum* ist formelhafte Bezeichnung der Sinn- und Belanglosigkeit, *ridere* Ausdruck der Überlegenheit über die *indifferentia* (vgl. z. B. epist. 41,5).
4 Vgl. die ähnliche Metapher in epist. 96,3 sowie de prov. 5,9 und vita b. 1,2 f.
5 Verg. Aen. 6,274 f. (Übers. von Th. v. Scheffer); V. 275 ist in epist. 108,29 abermals zitiert.
6 Vgl. epist. 70,17; 95,10; 104,20.
7 Der Gedanke aus epist. 91,8 wird vertieft. Zur Sache vgl. Anm. 14 zu epist. 98,7; 107,3 f.

8 Diese aus dem Soldatenleben genommene Metapher (*tiro* »Rekrut«) bezeichnet Unerfahrenheit gegenüber dem Schicksal (vgl. de prov. 4,7 und ad Helv. 3,1); vgl. § 9 und *tirocinium* in epist. 108,23.
9 Vgl. zu dieser Metapher epist. 99,32 (Anm. 30) und epist. 104,22.
10 Vgl. epist. 101,7.
11 Zu solchen dramatisierenden Aufzählungen vgl. epist. 101,4f.; 103,1; aber auch Hor. sat. 2,6,72–76; epist. 1,12,16–20; 18,97 ff.
12 Diese Gedankenreihe findet sich ähnlich schon in epist. 65,24.
13 Die Forderung, daß der Weise sich dem Naturgesetz fügen und dem Willen der Gottheit folgen soll, ist stoisch (Stoic. vet. frg. 3,245–252) und senecanisch (dazu epist. 96,2 mit Anm. 6; epist. 98,3 mit Anm. 6; epist. 76,23). Der Gedanke ist schon platonisch (Theaet. 176b; leg. 716a). Hier wird wohl epist. 101,7 variiert. Zur Haltung des *sapiens* als Mitvollzug des Schicksals vgl. epist. 74,20; 90,34. Vgl. dazu G. Busch, »Fortunae resistere«, S. 58f.
14 Der Stoiker Kleanthes aus Assos (geb. 232) schrieb einen Hymnos auf Zeus; vgl. epist. 108,11.
15 Zur Identität der Begriffe *vitae / humana condicio – rerum condicio, natura, ratio, fatum, recta lex, Iuppiter, fatum (providentia)* und *ordo* vgl. Aristot. mund. 401a. Ihm folgte die Stoa und besonders Seneca (epist. 31,8; 59,4; benef. 4,7,1 ff.). Einzelheiten finden sich schon bei Platon (*Deus = recta ratio*) Tim. 29a. Zur Gleichsetzung *Iuppiter* mit dem *fatum* vgl. Stoic. vet. frg. 1,102; 2,928.937; Sen. nat. quaest. 2,45,1–3. Daß Seneca die Begriffe, die diverse Aspekte der Naturordnung bezeichnen, auf *Deus / Iuppiter* verengt und sich einem Monotheismus angenähert habe, behauptet P. Grimal, S. 280, der nicht auf Cic. rep. 3,33 und Plat. leg. 2,9b–10 hinweist. *Deus / Iuppiter* ist für die Stoiker keineswegs ein persönlicher Gott, sondern bezeichnet *natura/ratio* entweder in religiösem Grundton so (bei Kleanthes, Zeus-Hymnos, Stoic. vet. frg. 3,537) oder als kreative Kraft des unpersönlichen Pneumas.

108. Brief

1 Vgl. epist. 106,3; auch epist. 88,27 f.36. A. Stückelberger, S. 20, 74.
2 Vgl. epist. 102,4; 106,2; zur *moralis philosophia* vgl. G. Maurach, *Geschichte der römischen Philosophie*, S. 125.

Anmerkungen 123

3 Zur Notwendigkeit kleiner Schritte beim Lehrprozeß vgl. E. Hachmann, S. 311. Persönliche Erfahrung wird dabei fruchtbar gemacht (§ 17.23.27). Zum *ordo docendi* vgl. epist. 106,2.

4 Über seinen Lehrer Attalus hat Seneca schon in epist. 9,7; 63,5; 67,15; 72,8 und 81,22 gesprochen; vgl. auch epist. 110,14.20. Anderen Lehrern wie Papirius Fabianus (epist. 100), Sotion (epist. 108,17) und Sextius (epist. 108,17; 64,2 f.5; 73,12.15; 98,13) setzt er ebenfalls ein Denkmal.

5 Zu den *unguentariae tabernae* vgl. J. Carcopino, *Rom, Leben und Kultur der Kaiserzeit*, Stuttgart 1977, S. 226; U. E. Paoli, *Vita Romana*, Florenz 1990, S. 183. Zum Vergleich mit der Bräunung vgl. epist. 16,2.

6 Vgl. epist. 16,1 f. Was Philosophie leisten soll, wurde in epist. 45,9 ff.; 66,6 und 89,1 f. gesagt. Zur hier vorgetragenen Anklage gegen Philosophen vgl. Cic. Hortensius, frg. 42 (Mueller); Tusc. 2,11; Lact. inst. 3,15,10 (Zitat aus Corn. Nepos).

7 Die Metapher (*deversorium*) für sinnlose Zeitvergeudung wie § 27 und epist. 51,3.

8 Anspielung auf den Kult der Magna Mater – 204 v. Chr. nach Rom gebracht –, der, mit ekstatischen Handlungen verbunden wie der Selbstentmannung der Priester (*Galli*), von Kaiser Tiberius (14–37) verboten, von Caligula (37–41) wieder zugelassen wurde.

9 Von der Menge ist nach dem Urteil der antiken Philosophenschulen kein richtiges Urteil zu erwarten.

10 Alle Menschen tragen nach der Stoa die Anlage zum Guten in sich (vgl. epist. 94,29; 97,15). Diese Anlage ist durch Belehrung zu wecken (vgl. E. Hadot, S. 102); vgl. schon Cic. fin. 5,18.43; Tusc. 3,2.

11 Der erste Vers stammt von Publius Syrus (frg. 236 Ribbeck), der zweite von demselben (frg. 234) oder von einem unbekannten Komödiendichter.

12 Zu Kleanthes vgl. Anm. 14 zu epist. 107,10; ferner epist. 108,10; 113,23.

13 Vgl. § 6; wieder eine Kostprobe des damaligen Lehrbetriebes.

14 Beide Verse aus Komödien unbekannter Autoren (frg. 78 und 66 Ribbeck).

15 Vgl. epist. 102,20; zur folgenden Metapher des Auflegens der Hand (juristischer Terminus technicus) vgl. epist. 104,1.

16 Die Zensoren konnten Senatoren, die gegen die guten Sitten verstoßen hatten, ohne daß ein Delikt vorlag, aus dem Senat ausstoßen.
17 Hier liegen deutliche Züge des Kynismus vor. Vor allem die Badekultur hatte sich längst verbreitet. Agrippa, der Mitarbeiter des Augustus, ließ die ersten öffentlichen Thermen auf dem Marsfeld bauen. Die Kaiser Titus und Nero folgten in einer auf Gewinnung des Volkes gerichteten Politik.
18 Wie in § 3 und 23 ein autobiographischer Abschnitt. Zu Sotions Pythagoreismus vgl. M. T. Griffin, *Seneca*, S. 37 ff.
19 Die Schule der Sextier vereinigte stoische, kynische und pythagoreische sowie platonisch-aristotelische Lehrelemente. Q. Sextius betonte seine Unabhängigkeit von der Stoa (epist. 64,2) und stellte praktische Ethik in den Mittelpunkt, wie sein Schüler Papirius Fabianus bewies (vgl. de brev. 10,1).
20 Vgl. epist. 88,34; zur pythagoreischen Lehre von der Seelenwanderung vgl. Überweg/Prächter, S. 62 f.
21 Sotion suchte seine Auffassung der Lehre des Pythagoras zu begründen. Die stark rhetorisierte Stelle zeigt eine von der Paränese geprägte Lehrweise. Seine Berufung auf Autoritäten (*magni viri*) verrät ihn als Pythagoreer. Platon dagegen hat vor Autoritätsgläubigkeit gewarnt (Charm. 161c).
22 Zur Zurückhaltung des Urteils hat die Skepsis der Neuen Akademie aufgefordert.
23 Zur Metapher (*tirunculi*) vgl. epist. 107,4.
24 Ein oft wiederholter und aktueller Vorwurf (epist. 16,2 f.; 20,1 f.; Cic. Tusc. 2,11; vgl. auch Plat., Lach. 188c).
25 Wieder eine Wendung gegen die Dialektiker; vgl. epist. 102,20; 106,12.
26 Verg. Georg. 3,284; die Tätigkeit des Grammatikers ist Zeitvergeudung für Unwesentliches; vgl. zu Senecas sonst vorsichtigerem Urteil A. Stückelberger, S. 76 f., 108.
27 Verg. Georg. 3,66 f.
28 Verg. Aen. 6,275.
29 Cic. rep. 3,9–31.
30 Cic. rep. 2,37 bzw. 20.
31 Cic. rep. 2,33.
32 Der Dictator wurde von einem Konsul zur Bewältigung außerordentlicher Aufgaben ernannt. Ursprünglich hatte er den Titel *magister populi* (dazu E. Meyer, *Römischer Staat*, Stuttgart/Zü-

rich 1948, S. 39 ff., und J. Bleicken, *Die Verfassung der römischen Republik*, Paderborn 1982, S. 90 ff.).
33 Zur Apotheose des Romulus vgl. Cic. rep. 2,17; 6,24 und Liv. 1,16. Das Recht der Provokation an die Volksversammlung gegen schwere Strafen von seiten der Beamten erkämpfte sich die Plebs 300 v. Chr.
34 Fenestella war ein antiquarischer Schriftsteller der frühen Kaiserzeit.
35 Cic. rep. 1,2; 2,66; leg. 3,18; zu *sepse* rep. 3,12; leg. 1,14.
36 Cic. rep. frg. 7, S. 379 (Mueller).
37 Ennius aus Rudiae in Campanien (239–169) schrieb Tragödien, Komödien (in Anlehnung an griechische Klassiker), die *Annales* sowie ein Lehrgedicht. Das Zitat bei Enn. frg. 19 f. Vahlen.
38 Verg. Georg. 3,260 f.
39 Enn. frg. 23 f. Vahlen.
40 Zur *vita beata* vgl. M. Hossenfelder, S. 23–25.
41 Seneca weist auf epist. 109 voraus.

109. Brief

1 Zur Vollkommenheit des stoischen Weisen vgl. M. Pohlenz I, S. 153–158; zur Vollkommenheit der Tugend ebd., S. 127.
2 Das höchste Gut war für die hellenistischen Philosophenschulen das »gelungene Leben« (*vita beata*).
3 Die *sapientia* ist als Tugend der Erkenntnis die am meisten theoretisch ausgerichtete Tugend (Cic. off. 1,17), sie hat sich aber doch in ihrer Anwendung (*usus*) zu bewähren (epist. 117).
4 Zu *gaudium* und *laetitia* vgl. epist. 98,1 und Cic. Tusc. 4,13.
5 In den *indifferentia* ist der Weise unwissend.
6 Vgl. epist. 102,18.
7 Zu beachten ist das Wortspiel mit dem Begriff *materia* (ὕλη).
8 Zur Wechselbeziehung (ἀνταkολουθία) der Tugenden vgl. M. Pohlenz I, S. 127.
9 Zum Begriff der *ratio perfecta* vgl. M. Pohlenz I, S. 61 f.; II, S. 35.
10 Es liegt eine Umschreibung der *indifferentia* (*res humanae / externae*) vor. In diesem Bereich, der die *media officia* betrifft, ist der Nichtweise tätig.
11 Nach der Stoa sind alle Nichtweisen Toren.
12 Zur *res expetenda* (αἱρετόν), mit »zu erstreben«, »erstrebbar«, nicht mit »erstrebenswert« zu übersetzen, vgl. epist. 117,5.17.

13 Der *ordinator litis* hatte in Prozeßabläufen ordnend einzugreifen.
14 Gemeint sind die σπουδαῖοι / προκόπτοντες, die auf dem Wege zur Tugend diese noch nicht erreicht haben. Zu *sapiens* und *proficiens* vgl. Cic. fin. 4,64 f. Vgl. M. Pohlenz I, S. 144.
15 Zur Doppeldeutigkeit von *communis prudentia* vgl. Nachwort.
16 Catilina definierte nach Sall. Catil. 20,4 so die Freundschaft. Das Zitat findet sich schon in epist. 20,5.
17 Vgl. epist. 106,2 und 108,1.
18 Vgl. § 1 sowie epist. 108,23; 102,20.
19 Der Philosoph ist Seelenarzt wie die Philosophie Heilmittel (epist. 99,29 mit Anm. 23 sowie Cic. Tusc. 2,43 u. ö.). Zur vorhergehenden Aufzählung der Tugenden vgl. epist. 117,33.
20 Vgl. epist. 101,10; 105,4.
21 Am Ende des Buches ist die Philosophie als Lebenshelferin hervorgehoben.

Nachwort

Der **101. Brief** ist durch einen aufrüttelnden Vorspruch eingeleitet, der die Brüchigkeit menschlicher Existenz im Gegensatz zu »in die Ewigkeit« gerichtetem Planen stellt. Beispiel dafür ist Senecio, ein rastloser Geschäftsmann und Karrierist, der alle Handlungen seines Lebens dem Erwerb von Reichtum unterordnet. Die Anlage zu einem philosophischen Leben fehlt ihm offensichtlich nicht völlig, aber er läßt sich von seiner fehlgeleiteten Vernunft bestimmen.[1] Inmitten seiner Erfolge überrascht ihn der Tod, auf den er als philosophischer Mensch vorbereitet wäre. Ein Zitat aus Vergils 1. Ekloge in § 4 leitet zu allgemeinen Betrachtungen über. Jedwede Planung in die Zukunft erweist sich als Torheit. Denn der Mensch ist dem scheinbar zufällig und ohne Ordnung ablaufenden Geschehen in der Zeit ausgesetzt. Die Zeit, nach stoischer Lehre unkörperlich, nicht ein »Seiendes«, sondern nur ein »Etwas«, wird so von Zenon definiert: »Zeit ist die Ausdehnung (διάστημα) der Bewegung«, d. h., wenn ein Körper sich von einem Punkt A zu einem Punkt B bewegt, ist das, was zwischen diesen Punkten liegt, die Zeit, innerhalb deren der Körper sich von einem Punkt zum anderen bewegt. Nach Chrysipp ist das sich Bewegende der Kosmos als Ganzes.[2] Diesen Wandel in der Zeit beschreibt Seneca in vielfachen, geradezu dramatisierenden Variationen in bezug auf das Weltganze und auf das Menschenleben, also als Zeit im Verständnis der Physik und als erlebte, damit relative Zeit. Vielbeschäftigten wie Senecio und Maecenas sowie der Menge bleibt verborgen,[3] daß die

---

1 Es handelt sich um die *vitiosa ratio*, die sich in den Dienst des Unwesentlichen oder sittlich Verwerflichen stellende Vernunft (vgl. Cic. off. 2,60).
2 Zum Zeitbegriff der Stoa allgemein und Chrysipps vgl. M. Hossenfelder, S. 80 f., zu dem Senecas A. Stückelberger, S. 134.
3 De brev. 10,5: Der Geist der Vielbeschäftigten steht gleichsam unter einem Joch. Er kann sich weder wenden noch zurückschauen (Anspielung auf das Höhlengleichnis in Platons Politeia?). Ihr Leben stürzt haltlos in die Tiefe.

Fülle der dem Scheine nach zufälligen Ereignisse in Wahrheit nach einem »gültigen Gesetz« und nach »unerbittlicher Notwendigkeit« abläuft (§ 7), und zwar von der Entstehung der Welt durch Entfaltung des Logos bis zu ihrem Untergang im Weltenbrand (ἐκπύρωσις), also innerhalb einer Weltperiode, auf die unendlich viele andere folgen.[4] Die Unwissenden erleben den Wandel der Dinge, ohne das Gesetz seines Vollzuges zu erkennen, und richten danach ihr Leben durch Reisen, Erwerb von Reichtum und nutzlosen Einzelerkenntnissen ein (§ 4). Der Mensch ist aber fähig, geleitet von seinem *animus*, sich von dieser Welt zurückzuziehen und darin wenigstens über die Gegenwart zu verfügen – die Vergangenheit hält er durch die *memoria*[5] fest –, nicht aber über die Zukunft, die im voraus bedacht, von der aber nichts erwartet werden kann (§ 4). Diese »Sammlung des Lebens« muß gegen unheilvolle Einflüsse durch »Bildung« vorbereitet werden (§ 8 f.). So wird ein fester Standpunkt erreicht, von dem aus zu Wissen über die Weltordnung gelangt werden kann, Wandel in der Zeit also nicht mehr im hic et nunc subjektiv erlebt, sondern aus überlegener Warte und mit gefestigtem Geist philosophisch begriffen wird (§ 9 f.).

Die Aussagen im 101. Brief werden in späteren Briefen aus verändertem Blickwinkel aufgegriffen und vertieft, und zwar besonders im 104. und 102. Brief. Seneca scheint die Brücke zwischen dem 101. und 104. Brief durch Reminiszenzen an Horaz (carm. 3,29) zu schlagen. In diesem Gedicht lädt Horaz seinen Förderer Maecenas auf sein Landgütchen ein und ruft ihn im Sinne Epikurs[6] dazu auf, in der Idylle der Natur seine in die Zukunft gerichteten Sorgen abzulegen und das Heute zu nützen, fern von dem vom

---

4 Vgl. M. Pohlenz I, S. 79.
5 Zur *memoria* vgl. M. Pohlenz I, S. 59; auch epist. 99,23 f. mit Anm. 27.
6 K. Büchner, *Römische Lyrik*, Stuttgart 1976, S. 143, weist Epikurs Einfluß auf die Ode zurück. Seneca scheint die Ode als in Epikurs Geist geschrieben aufgefaßt zu haben wie fast alle Modernen.

Wesentlichen ablenkenden Treiben der Großstadt, so wie Seneca im 104. Brief in der Stille seines Landsitzes innere Einkehr sucht. Die Übereinstimmungen zwischen der Horaz-Ode und den Briefen 101 und 104 sollten – trotz beschränkter Terminologie und Motivik – in ihrer Häufung nicht als zufällig abgetan werden.[7] Mit einer Reihe von Anspielungen verdeutlicht Seneca die Nähe dieser beiden Briefe zueinander.[8] Überdies steht dem plötzlichen Tod des Senecio und der dauernden Todesfurcht des Maecenas, ihrem Verfallensein an die Affekte und an die *indifferentia* im 104. Brief beispielhaft Senecas überlegene Haltung zu Tod und Freitod gegenüber, die von Seelengröße und Menschlichkeit geprägt ist (§ 4). In epist. 101,8 spricht Seneca von der »Sammlung des Lebens«, damit auch des *animus*, der nicht auf die Planung unverfügbarer, weil nicht gewußter Zukunft und auf die *indifferentia* abgelenkt werden darf. Damit ist die Rückwendung auf das Hegemonikón in uns gemeint, das aus dem Logos hervorgegangen ist, der das Weltgeschehen lenkt. Dieser Rückzug ist demnach Konzentration auf das eigentliche Selbst des Menschen und auf seine Verwandtschaft mit der Gottheit. Wer sich aber an die Außenwelt verliert, der vergeudet Zeit und gerät in Zeitnot, die Ursache der den *animus* zerstörenden Affekte (§ 8). Auf eben diese Stelle nimmt Seneca in epist. 102,21 Bezug. Danach wird sich der *animus*, durch den Tod des Leibes von

---

7 *sollicita mens* (§ 8) – *sollicita frons* (V. 16), *urbi sollicitus times* (V. 26); *rata lege, cui inritum est praesens – non ... inritum, quodcumque retro est, efficiet* (V. 45 ff.); *aetatem disponere ne crastini quidem dominum* (§ 4) – *quod adest, memento componere aequos, cetera fluminis ritu feruntur* (V. 33 ff.); *volvitur tempus rata quidem lege, sed per obscurum* (§ 5) – *prudens futuri temporis exitum caliginosa nocte premit deus* (V. 29 f.); die Metapher der Buchführung in *quidquid mihi debui, redditum est* (§ 8) – *resigno, quae dedit* (V. 54); zu epist. 104: *odorem culinarum fumantium* (§ 6) – *omitte mirari beatae fumum et opes strepitumque Romae* (V. 11 f.); die Ruhe des Landlebens (§ 6) – Horaz (V. 13–16.21–23).

8 *omnis dies, omnis hora* (epist. 101,1 und 104,12); *sollicita mens ... formidine agitatur* (101,8) – *ne tutis quidem habebitur fides consternata ... mente* (104,8).

Körperlichkeit und Leidenschaften befreit (dort § 24 ff.), aus der sublunaren Welt in seine wahre Heimat im supralunaren Bereich zurückgekehrt, »in die Unermeßlichkeit ausbreiten«. Der Rückzug aus dieser Welt bereitet das Aufgehen im Weltlogos als seiner wahren Bestimmung vor.

Der **102. Brief** ist mit dem vorhergehenden eng verbunden. Senecio und Seneca vertreten als Geschäftsmann bzw. als Philosoph entgegengesetzte Lebensauffassungen. Beide werden durch ein plötzliches Ereignis von außen getroffen, dieser beim Nachdenken über die Ewigkeit der Seele durch einen Unbedeutendes erfordernden Brief, jener in seiner Betriebsamkeit durch den Tod. Dabei wird das schon in früheren Briefen angesprochene Thema der *gloria* wieder aufgenommen.[9] Vor allem verwendet Seneca hierbei Gedanken aus Ciceros »Somnium Scipionis« (rep. 6), in dem dieser der Wertlosigkeit irdischen Ruhmes durch seine zeitliche und räumliche Beschränkung ein ewiges Dasein der von irdischer Last befreiten Seele in der Anschauung des Glanzes und der Unermeßlichkeit des Kosmos als Lohn für tugendhaftes Handeln entgegenstellt. Die Frage des Lucilius, ob die *claritas* – zunächst als Synonym zu *gloria* verstanden – ein Gut sei, betrifft einen Grundwert der römischen Gesellschaft und ein Grundthema der stoischen Philosophie. Dies beweist eine bei Cicero (Tusc. 3,3 f.) überlieferte und dem Chrysippus zugeschriebene Stelle:[10] »Darauf – gemeint ist die *gloria popularis* – stürzen sich gerade die Besten, und indem sie nach jener wahren Sittlichkeit (*veram honestatem*) streben, die allein die Natur sucht, lassen sie sich in größter Eitelkeit umhertreiben, ohne ein deutliches Abbild der Tu-

---

9 Vgl. epist. 21; 44,2 ff.; 82,10; vgl. zum Thema Sen. nat. quaest. 4a (8) praef. 9–22.
10 Dazu vgl. M. Pohlenz I, S. 272; II, S. 129. Chrysipp hat übrigens auch ein Werk über die Träume geschrieben (Cic. div. 1,6.39), das Seneca gekannt hat, wie epist. 49,12 f. bezeugt. Seneca dürfte es für den Anfang des Briefes benützt haben.

gend zu erreichen, vielmehr nur ein schattenhaftes Trugbild des Ruhmes. Denn es ist der Ruhm etwas ganz Greifbares und Ausgeprägtes, nicht nur ein schattenhafter Abriß. Er ist übereinstimmende Anerkennung von seiten der sittlich Guten (*consentiens laus bonorum*), die unverfälschte Stimme der gut Urteilenden (*incorrupta vox bene iudicantium*) über herausragende Tugend. Da er meistens rechtes Handeln begleitet, sollen ihn sittlich gute Männer nicht verschmähen [...]. Jener Ruhm aber, der dessen Nachahmer sein will, ist frecher und unüberlegter Lobredner (*laudatrix*), und zwar zumeist auch der Verfehlungen und Laster, die Nachrede der Menge (*fama popularis*). Er verdirbt durch Vortäuschen der Sittlichkeit sein schönes Erscheinungsbild.« Seneca hat aus dieser stoischen Diskussion des Themas eine Reihe von Gedanken übernommen oder leicht verändert: wahrer Ruhm als Anerkennung durch das Urteil der Guten für Sittlichkeit; Trugbild des Ruhmes durch Nachrede der Menge; Begriffe wie *vox*, Übereinstimmung, Schattenhaftigkeit (des Scheinruhmes), um nur das Wichtigste zu nennen. Er ist aber durch die Verwendung des »Somnium Scipionis« und der stoischen Physik weit über die überlieferte stoische Diskussion dieses Gegenstandes hinausgegangen. Zwischen einem Dialektiker und Seneca läuft in diesem Brief ein fingierter Dialog ab. Diese und weitere Übereinstimmungen bringen diesen Brief in die Nähe des 117. Briefes. Senecas Argumentation gegen die Einwendungen der Dialektiker gliedert sich in einen vorbereitenden Teil, der von der Physik seiner Schule ausgeht (§§ 6–9), und einen zweiten, der die Dialektiker Punkt für Punkt widerlegt (§§ 11–19). Zwischen diese beiden Teile ist die Erklärung eingefügt, daß zu loben eine sittliche Handlung ist (*honesta actio*), die ein Gut des Lobenden sei. Diese Aussage wird später (§ 14 f.) präzisiert, ein Verfahren, das auch im 117. Brief Anwendung findet. Im vorbereitenden Teil berichtet Seneca von der Unterscheidung der Stoiker zwischen in sich geschlossenen (1), aus Teilen zu einer Einheit zusam-

mengefügten Körpern (2) und von dem Zusammenschluß aus ihre Selbständigkeit wahrenden Individuen (Beispiele dafür: Mensch, Schiff bzw. Senat). Ein Gut sei nur das, was von einem Geist, einem leitenden Prinzip zusammengehalten und gelenkt sei. Dies treffe nicht für die *claritas* zu, die vom Urteil mehrerer, voneinander unabhängiger Menschen abhänge (bis § 8). Nicht einmal als von sittlich Guten einem Guten zuerkanntes Lob könne sie für ein Gut gelten. Denn Lob sei eine stimmliche Äußerung (*vox* = φωνή), die etwas bezeichne (νοουμένου πράγματος σημαντική), damit aber kein Gut (§ 9). Dann aber wird mit Rücksicht darauf, daß Lob nicht etwas bezeichnet, sondern über »des Lobes Würdige«, also über sittlich Gute eine zutreffende Aussage macht und dies eine sittliche Handlung ist, die *laus* als ein Gut des Lobenden anerkannt (§ 10).
Im zweiten, der kursorischen Widerlegung der Dialektiker gewidmeten Teil unterscheidet Seneca zwischen der *claritas* und der *gloria* im Gegensatz zu § 8. Die *claritas*, der Glanz des Namens, ist notwendige Begleiterscheinung sittlichen Handelns. Sie bedarf der Anerkennung nur eines sittlich Guten, dessen Urteil die eine Wahrheit über sie aussagt. Da die Guten nicht anders als richtig urteilen können, ist das Urteil aller mit dem eines einzigen von ihnen identisch. Der beurteilte Gegenstand und die Urteilenden sind von dem einen leitenden Prinzip der Welt bestimmt. Dagegen verhält es sich bei den Urteilenden über die *gloria*, der Anerkennung für politische, nicht moralische Leistung, wie mit voneinander unabhängigen Körpern. Sie sind keineswegs von einem Weltprinzip bestimmt, sondern nur von den Normen der römischen Gesellschaft. Daher ist der Ruhm abhängig von dem Urteil vieler voneinander unabhängiger Individuen. Die Urteile dieser Unwissenden sind nicht nur unterschiedlich, sondern wechseln bei einigen von ihnen im Laufe der Zeit. So ist die Zahl ihrer möglichen Fehlurteile unbegrenzt. Solche Gedanken sind aus der Behandlung des positiven Rechtes von Cicero (rep. III) bekannt. Die Folge-

rung aus diesen Gedankengängen ist, daß das Studium der Geschichte ohne philosophischen Wert ist, und Seneca hat sie auch gezogen (nat. quaest. 3 praef. 5 ff.). Ein weiterer bei Cicero überlieferter Text gibt einen Hinweis, wie diese Erörterung über die *gloria* zustande kam, nämlich in Auseinandersetzung mit der Neuen Akademie, und darüber, was *claritas* ist (fin. 3,57): »Was ... den guten Ruf (*bona fama*) betrifft – ihn nennen die Stoiker εὐδοξία (Wohlberühmtheit), doch in diesem Zusammenhang ist ›guter Ruf‹ ein passenderer Ausdruck als ›Berühmtheit‹ (*gloriam*) –, so erklärten Chrysipp und Diogenes, daß man um seinetwegen, vom Nutzen abgesehen, nicht einmal den Finger krumm zu machen brauche; darin bin ich ganz anderer Meinung. Ihre Nachfolger aber erklärten, da sie Karneades nicht widerlegen konnten, daß der erwähnte gute Ruf um seiner selbst willen zu bevorzugen und zu erstreben sei *(propter se ipsam praeponendam et sumendam esse ...)* und daß ein edler ... Mensch wünschen müsse ... bei trefflichen Männern in gutem Rufe zu stehen, und zwar der Sache selbst, nicht des Nutzens wegen« (*idque propter rem ipsam, non propter usum*; Übers. H. Merklin). Die Beurteilung der εὐδοξία durch Chrysipp überliefert Diogenes Laertius (7,102). Nach ihm gehört die εὐδοξία weder zu den *bona* noch zu den *mala*, sondern zu den *media*, die weder nützlich noch schädlich sind. Die Einreihung der *gloria* / *bona fama* unter die Güter, die um ihrer selbst, nicht um eines als Folge sich einstellenden Nutzens willen zu erstreben sind, weist auf die entsprechende Definition der *sapientia* als eines vollkommenen Zustandes der Seele im 117. Brief hin. Dem Bruch mit Chrysipp und dem stoischen System ist Seneca schon in epist. 21,2 f. durch die Unterscheidung zwischen dem äußeren Glanz dieses Lebens (*huius vitae fulgor, splendor*) und dem Licht (*lux*) eines höheren Daseins entgegengetreten. Die *claritas* dieser Welt leitet sich danach aus dem Licht des überirdischen, des supralunaren Bereiches ab. Die Seele des tugendhaften Menschen trägt dieses Licht in sich, wie aus einer anderen Stelle hervorgeht

(*animus, qui nullo bono nisi suo nitet*, epist. 41,6). Die *claritas* ist also in die Ordnung der Welt und damit der Werte eingebettet, und dies ist der Grund dafür, daß sie im materialistischen System der Stoa als Folge der Tugend von der Physik her bestimmt werden muß.

In § 14 nimmt Seneca die Darlegung des § 9 wieder auf und präzisiert sie. Die *claritas* als von Guten den Guten zuerkannte Anerkennung liegt auch dann vor, wenn sie nur auf einem Urteil, ohne daß dieses formuliert wird, beruht. Wieder unterscheidet Seneca zwischen der *bona fama*, die von verbal formulierter Anerkennung abhängt, und der *claritas*, der allein durch die Vernunft geäußertes Urteil genügt. Als nichtmaterieller Gegenstand ließ sie sich im System der Stoa nur schwer definieren. Seneca bedient sich dazu der Kategorien-Lehre seiner Schule, die im 117. Brief entfaltet wird. Danach ist die *claritas* Akzidens (notwendige Folge, Nutzen) philosophisch verstandener Tugend. Zur Bezeichnung des Akzidens ist *contingere* (§ 17.19) Terminus technicus.

In § 18 nimmt Seneca die Definition der *claritas* aus § 14 wieder auf und erweitert ihren Besitz vom Lobenden auf den, der gelobt wird. Dabei ist die Gerechtigkeit im Spiel, die sowohl für den, der sie ausübt, als auch für den, der sie erfährt, ein Gut ist.

Ein heftiger Angriff auf die Dialektiker – die Argumente sind aus früheren Briefen längst bekannt – leitet zur Paränese als der richtigen Art des Philosophierens über (*Dic potius, quam naturale sit ...*, § 21). Seneca wird dieses Verfahren, daß auf einen dialektischen Teil ein paränetischer folgt, in späteren Briefen wiederholen (epist. 113,21.26; 117,18; 117,20 ff.25 ff.). Aus der Enge der Dialektik soll die Seele auf die Erhabenheit und Unendlichkeit des Universums gelenkt werden, das irdische Vaterland, und sei es noch so erhaben, hinter sich lassen und sich der mit den Göttern gemeinsamen Heimat zuwenden (*in immensum mentem suam extendere*, § 21, vgl. u. a. de otio 4,1), sodann aus der Enge eines zeitlich begrenzten Lebens zur Einsicht, daß einem

großen Geist keine Epoche verschlossen bleibt (§ 21), erheben. Die Überwindung der Beschränkung durch Raum und Zeit als Vorbedingung für ein höheres Dasein ist, wie schon erwähnt, aus dem »Somnium Scipionis« bekannt. Der Tag des Todes befreie den göttlichen Geist des Menschen von seiner sterblichen Hülle, führe ihn wieder seiner wahren Heimat zu und sei Geburt und Anfang eines höheren Daseins, wie eindringlich wiederholt wird (*cum venerit dies ille...*, § 22; *alia nos origo exspectet...*, § 24; *dies iste... aeterni natalis est*, § 26), frei von Furcht. Seneca schwelgt hier in pythagoreisch-platonischen Formulierungen (besonders in § 25 ff.). Daß dem von Leiblichkeit Befreiten sich die Erkenntnis der Weltordnung erschließt, wurde schon früher mitgeteilt (epist. 65,16 ff.) und ist Gemeinplatz dieser Literatur. Die Licht- und Finsternis-Symbolik für jenseitiges und diesseitiges Leben geht wohl auf das Höhlengleichnis in Platons *Politeia* zurück (514a ff.). Seneca hat sie schon im 21. Brief in Zusammenhang mit der *gloria* verwendet. Epist. 102 entfaltet u. a. dort angesprochene Gedanken. Die *claritas* als Glanz des Namens erweist sich am Ende des Briefes als die *divina lux* eines Gott nahen Daseins. Aus der Furcht vor dem Tod wird die Hoffnung auf ihn (§ 30). Seneca scheint sich in diesem Brief von der stoischen Auffassung der Materialität der Seelen ab- und der pythagoreisch-platonischen Auffassung von ihrer Immaterialität zugewandt, an die Stelle des monistischen Weltbildes der Stoa das dualistische der Akademie gesetzt zu haben, aber § 30 zeigt doch eine schwankende Haltung in der Frage der Unsterblichkeit der Seele. Diese teilte er mit Cicero, vielen seiner Zeitgenossen und Späteren, und daß diese Meinung allgemein verbreitet war, zeigt ein rhetorisches Argumentationsbeispiel, das Quintilian, der Zeitgenosse Kaiser Domitians (81–96), in seinen *Institutiones oratoriae* (5, 14, 13) anführt. Unabhängig davon, ob die Seelen mit dem Tod des Leibes vergehen, ihre individuelle Existenz bewahren oder in das göttliche Pneuma zurückkehren, ob von ihnen also die *claritas nomi-*

nis bleibt oder sie in die *claritas* eines reineren Daseins übergehen, die beispielgebende Gegenwart der großen, die Tugend verwirklichenden Männer ist nützlich. Ihre *claritas* und der von ihnen ausgehende Nutzen sind Akzidentien der Tugend (§ 17.19) und stehen damit auf derselben Stufe wie deren Ausübung.[11] Tacitus scheint seine Abschiedsrede auf seinen Schwiegervater Agricola aus Kenntnis dieses Briefes zu formulieren (46,1): »Wenn es für die Manen der Frommen einen Wohnsitz gibt, wenn, wie die Weisen meinen, große Seelen nicht mit den Körpern erlöschen, dann magst du gewiß friedlich ruhen und uns und unsere Familie von schwächlicher Sehnsucht und unmännlichen Klagen zur Betrachtung deiner Tugenden aufrufen, die man weder betrauern noch beklagen darf. Wir wollen dich lieber durch Bewunderung und Lob sowie ... durch Nachahmung verehren.«

Nach dem Höhenflug der Gedanken am Ende des vorhergehenden Briefes zu den Geheimnissen der Naturordnung lenkt der **103. Brief** auf die Menschenwelt zurück. In dramatischer Weise werden hier die von den Mitmenschen ausgehenden Gefahren vergegenwärtigt. Diese, stets und überall gegenwärtig, tückisch verborgen hinter freundlicher Maske – welch düsteres Menschenbild im Gegensatz zum 108. Brief! –, sind bedrohlicher und unberechenbarer als die von Naturkatastrophen und Unfällen ausgehenden Zerstörungen. Dieser Gedankengang setzt den Brief in Gegensatz zum 91. und 99. Brief. Die Tücke der Menschen ist nicht vergleichbar mit der List von Raubtieren, die ihrer Natur gehorchen. Die hartnäckige Vernichtungswut des Menschen ist geleitet von einer Lust, die seiner eigentlichen Natur widerstrebt. Gerade diesen Gedanken der Gefährlichkeit der Mitmenschen nimmt Seneca zum Anlaß, die Pflichten gegen Mitmenschen zu vergegenwärtigen (§ 3). Solches Handeln im Sinne der Humanität hebt zwar die Tücke der Mitmen-

---

11 Vgl. epist. 117,12.16 f.

schen nicht auf, befreit aber zunächst von Selbsttäuschung im Bereich der *indifferentia* (§ 4). Dem muß die Hinwendung zur Philosophie folgen,[12] deren Schutzfunktion im Verständnis des Hellenismus mit erhabenen Worten hervorgehoben wird (*te proteget ... eris aut tutus aut tutior*, § 4). Dieser Gedanke wird im 105. Brief vertieft (*tutior vivas*, § 1; *tutum ... securum*, § 8). Die Warnung, die Rolle eines Philosophen vorzuspielen, anstatt diese Haltung in der Tat zu bewähren, ist eine Wiederholung des in epist. 5,2–6 Gesagten. Die dramatische Spannung der §§ 1–3 steht im Gegensatz zum Ton der Ruhe und Erhabenheit vom Ende des letzten Briefes (ab § 21), der die Befreiung des Geistes aus seiner Bindung an die materielle Welt und seine Hinwendung zur Kosmosschau zum Gegenstand hat. Zu diesem Grundton kehrt dieser Brief zurück, und er erhebt sich mit den Worten *in huius* (*philosophiae*) *sacrario* zur religiösen Feierlichkeit von epist. 102,28 (*naturae ... arcana retegentur*, § 28). Dieselbe Verbindung – Warnung vor Prahlen mit Philosophie, erhaben-religiöser Ton – findet sich im folgenden Brief wieder (§ 22 f.).

Der 104. Brief[13] geht wie andere wiederum von einem konkreten Ereignis aus: Seneca ist an Fieber erkrankt. Er sucht aus der Unruhe der Großstadt in der idyllischen Ruhe seines Landsitzes bei Nomentum Zuflucht. Das Motiv der Reise ist von Brief 28 aufgenommen – es handelt sich um ein vieldiskutiertes Thema der antiken Literatur, aber der Unterschied zu dem früheren Brief ist unübersehbar. Dort ist der Wert des Reisens allgemein – dem Menschen ist ja Reiselust angeboren –, hier die Abfahrt Senecas mit dem Ziel der Heilung einer bestimmten Erkrankung Thema. Anlaß der Reise und Ziel haben symbolische Bedeutung. Seneca entgeht der Selbstentfremdung in naturfremder Umge-

---

12 In den Stufen: *Tu tamen* (gegen *libet*) *cogita ... in philosophiam recede* (vgl. *Recede in te ipsum*, epist. 7,8).
13 Vgl. Bezüge dieses Briefes zu epist. 101 im Nachwort, S. 128.

bung und findet zu sich in der Stille seiner Weingärten, wie überhaupt der Vergleich des Reisens mit unserem Leben Allgemeingut war.[14] So ist diese Abfahrt Anlaß zu einer Reihe von Betrachtungen, die die Gefährdung des aus seiner Ordnung gefallenen Menschen zum Thema haben: über den Freitod (§§ 3–5), über die Wertlosigkeit der *indifferentia* (§ 9 f.), gipfelnd im Tod, der ja nichts anderes als ein *indifferens* ist (§ 12), über die Wertlosigkeit des Reisens zur Unterdrückung der Affekte (§§ 13–16), andererseits über die Studien mit dem Ziel der Erlangung der Weisheit (§§ 16–19), über die Beherrschung der Affekte, gezeigt an den Beispielen von Männern aus der Geschichte Griechenlands und Roms, die als Weise dem Logos zum Sieg verhalfen (§§ 20–22). Dem Verlust des Menschen an alle diese in Wahrheit unwichtigen Dinge tritt die Vernunft als Seelengröße entgegen, die auf das Wesentliche, die Ordnung im Leben des Menschen und im Kosmos hinlenkt (§ 23).[15] Daß Menschen dazu fähig sind, zeigten Cato und Sokrates, deren Lobpreis im Stile der Deklamationsübungen formuliert wird (§§ 27–29). Auf die Herrschaft des Hegemonikón wird gerade auch da verzichtet, wo unbedacht ein Lehrsatz der Stoa zur Flucht aus dem Kreis der Menschen, die uns zugetan sind, angewendet wird, im Freitod. Wer sich über die εὐπάθειαι der Liebe und der Menschlichkeit hinwegsetzt, kann sein Suizid nicht als »von der Vernunft gerechtfertigten Abgang« (εὔλογος ἐξαγωγή) deklarieren.[16] Der Warnung vor

14 Vgl. epist. 70,2 f.; ad Marc. 17,2; ad Pol. 9,6; nat. quaest. 3, praef. bes. 10; zur Erkenntnis der Naturordnung in der Stille eines Landgutes vgl. epist. 12.
15 Vgl. epist. 102,23. Das Gegenbild liegt in epist. 107,2 f. vor.
16 Zur Stellung der Stoa zum Freitod vgl. Anm. 24 zu epist. 98,16. Hier wird die in epist. 78,2 vorgetragene Ablehnung des leichtfertig gewählten Freitodes vertieft. Diese Wertung wurde vielfach vorbereitet (epist. 4,4; 24,25 f.; 30,15; 58,33). Nur in aussichtsloser Situation findet der Selbstmord Senecas Billigung (epist. 70,14; benef. 7,1,7), an erstgenannter Stelle gegen Platon, der freilich in leg. 854c das Suizid unter besonderen Umständen billigt. Vgl. auch die grundsätzliche Darlegung in de prov. 6,7–9 sowie in vita b. 20,5; ferner A. D. Leeman, S. 322 ff.

der Tücke der Mitmenschen in epist. 103 ist damit die liebevolle Verbindung unter Menschen gegenübergestellt, gezeigt an Senecas Liebe zu seinem älteren Bruder Gallio – ihm hat er in den Naturales quaestiones ein Denkmal gesetzt – und an seiner Frau Paulina, deren von Seneca erwiderte Fürsorglichkeit ein Beispiel einer allem Rigorismus der Stoa entgegengesetzte εὐπάθεια ist (§§ 1–3). So gewinnt der Brief einen ganz persönlichen Ton, der erst wieder im 108. Brief angeschlagen wird. Diese *honesti affectus*, nicht der Rigorismus der Stoa entspricht einer hohen Gesinnung und Menschlichkeit (§ 4) und damit der Ordnung der Natur. Freilich sichert in der Flut von als zufällig erscheinenden Ereignissen und der durch Affekte verursachten Verwirrung nur das Bemühen um Wissen die Herrschaft des *animus*. Nicht eine Fülle von Einzelkenntnissen, etwa über Naturphänomene in fernen Ländern, sondern allein die Kenntnis der sittlichen Ordnung sichert die Freiheit des *animus* (§ 15 f.). So wird die dem Menschen zukommende Überlegenheit über die *indifferentia* und über Furcht vor Scheingefahren, besonders dem Tod, gewonnen (§§ 22–27). Diese Haltung ist Harmonie mit der Natur(ordnung)[17] (§ 23). Die kleine Reise zu dem stadtnahen Nomentum, nicht in ferne Länder, führte Seneca aus dem von Betriebsamkeit für Nichtiges erfüllten Rom zur Erkenntnis der Ordnung der Natur, der Sittlichkeit und der Größe des *animus* (§ 23).

Nach den Beispielen für die Erreichbarkeit dieses Zieles richtet Seneca einen leidenschaftlichen Aufruf – fünfmaliges *vides* zielt auf *possumus itaque* (§ 33 f.) – zur Gewinnung der Freiheit – hier (§ 34) wie in § 16 veranschaulicht durch

---

17 Im ganzen Brief ist das Naturverständnis der Zeit, von dem Seneca ausgeht, zu berücksichtigen. Es ist von der Philosophie beeinflußt und in der zeitgenössischen Freskenmalerei und Architektur faßbar. Zu diesem Lebensgefühl vgl. Tac. ann. 15,42,1 f.; M. Grant, *Nero*, München 1978, S. 143 ff., und F. Coarelli / L. Nervi, *Rom. Monumente großer Kulturen*, Luxemburg 1979, S. 102.

Vergleiche aus dem römischen Rechtswesen – durch Überlegenheit über Affekte und über Reichtum.[18]

Mit der Hervorhebung der inneren Freiheit, die durch Verzicht auf die »bevorzugten« indifferentia (προηγμένα) gesichert wird, endet der 104. Brief. Der **105. Brief** setzt mit Einzelvorschriften für die Wahrung äußerer Sicherheit ein, nicht so sehr vor den Gefahren der Natur, als vielmehr vor denen seitens der Mitmenschen (§ 1). In epist. 103,1 wurde die Plötzlichkeit des von Mitmenschen verursachten Unheils im Gegensatz zu den meist absehbaren und überdies seltenen Gefahren durch Unglücksfälle hervorgehoben. Hier geht Seneca den Ursachen für die Tücke der Mitmenschen nach. Er findet sie in den Affekten der Hoffnung, des Neides und der Mißgunst, des Hasses und der Furcht. Die beiden erstgenannten Affekte werden rasch abgetan (§ 3 f.). Es genügt die Zurückhaltung bei der Zurschaustellung von Reichtum, um ihnen zu entgehen (§ 4). Ausführlich wird der Haß behandelt. Ihn lenkt auf sich, wer Furcht verbreitet und sich unversöhnlich zeigt, d. h., wer die Freiheit anderer durch Machtmißbrauch zu bedrohen scheint. Verächtliches und würdeloses Verhalten ist wohl dem Affekt der *desperatio* zuzurechnen, die etwa als »Betrübnis ohne irgendeine Aussicht auf Besserung der Umstände« (*aegritudo sine ulla exspectatione rerum meliorum*) zu definieren ist. Diogenes Laertius hat sie bei der Bestimmung der Affekte in seinem Werk *Leben und Meinungen berühmter Philosophen* nicht berücksichtigt. Die Folgen und Möglichkeiten zur Vermeidung dieses Affektes werden getrennt erörtert (§ 2 bzw. § 6). Diesem würdelosen Verhalten ist die Geschwätzigkeit verwandt, gegen die Zurückhaltung empfohlen wird (§ 5). Die angebotenen Vorschriften zur Vermeidung der Fehler sind allesamt Regeln der römischen Gesellschaft. Nur bei der Behandlung des Hasses werden philosophische Gedan-

---

18 Vgl. besonders epist. 17,10–12.

ken berührt, und dieser Abschnitt gibt auch das Stichwort mit *secure*, einem Terminus technicus der Stoa, zur philosophischen Erweiterung der Einzelanweisungen. Dieser Begriff wird in § 7 aufgegriffen und in das terminologische Bezugssystem verwiesen. Die *securitas* ist mit dem für Senecas Denken zentralen Begriff des (guten/schlechten) Gewissens verbunden.[19] Das Leitwort *tutus* am Anfang des Briefes und *securitas* sind nicht synonyme, sondern entgegengesetzte, einander ausschließende Begriffe (§ 8). Die *securitas* beweist sich durch Übung der Gerechtigkeit im Sinne der Billigkeit und ist begleitet von Vertrauen.[20] Die Absicherung des *tutus* zeigt sich in Angst vor Strafe, die unaufhörlich im Bewußtsein bleibt, im schlechten Gewissen und in der Ahnung, daß das Verborgenbleiben nur von der Laune der Fortuna abhängt. Worauf es Seneca in diesem Zusammenhang ankommt, war schon im 103. Brief ausgesagt. Die alltäglichen Gefahren des Lebens (epist. 103,1), auch die aus der römischen Gesellschaft kommenden, werden nur durch Philosophie gebannt (epist. 103,4), die zum Wissen um das Naturgesetz und zur Übereinstimmung mit ihm führt. Die von Machtwillen diktierten Spielregeln der Gesellschaft verantworten eine Scheinordnung, hinter der Verwirrung und Unordnung stehen (§ 7). Ähnliche Gedanken hat Seneca schon im 97. Brief vorgetragen, mit dem sich dieser vielfach berührt.

Am Anfang des **106. Briefes** begründet Seneca, warum er Lucilius auf die Beantwortung seiner Frage länger als sonst hat warten lassen. Diese Rechtfertigung wird zu einem außerordentlich umfänglichen Proömium (§§ 1–3a). Er entfaltet die Gründe für sein Zögern in einer dem Schein nach geradezu umständlichen Form. Auf die beiseite geschobene Begründung (*non quia* ...) folgt nicht etwa der erwartete

---

19 In § 7 ist allerdings ausdrücklich nur vom schlechten Gewissen (*conscientia*) des Übeltäters die Rede.
20 Zum Gegensatz *fortuna* und *fiducia* in § 8 vgl. epist. 97,13 mit Anm. 12.

Grund, sondern eine allgemeine Erörterung über nicht mit Zeitnot entschuldbares Vertrösten. Wir sind es, die über die Zeit verfügen. Es schließt sich sodann ein Frage-Antwort-Spiel an (*Quid ergo fuit, quare ...? Id, de quo ...*), in einer Form des rhetorischen Mittels der *subiectio* (ὑποφορά), durch die der Leser wie ein Dialogpartner in das Gespräch einbezogen wird. Erst mit diesem Stilmittel wird der wahre Grund für die Verspätung des Antwortschreibens angegeben. Das von Lucilius aufgeworfene Thema greift dem Lehrgang allzu weit vor. Es sollte erst später in der geplanten *moralis philosophia* innerhalb des stoischen Lehrsystems dargeboten werden. Seneca läßt sich auf diese Störung des *ordo docendi* aus menschlichen Gründen ein (§ 2e). Der Eifer des Lucilius soll ja nicht enttäuscht werden. Durch das Aufschieben der wahren Begründung wird erwartungsvolle Spannung erzeugt. Die eingeschobene Zurückweisung rastloser Geschäftigkeit als *argumentum felicitatis* läßt keinen Zweifel darüber, daß Philosophie nicht nebenher und nicht unter Zeitdruck betrieben werden darf. Warum hat Seneca dem nicht eben langen Brief ein so ausgreifendes und rhetorisch anspruchsvolles Proömium vorangestellt? Der 106. Brief leitet eine Reihe von Episteln ein, die nicht leicht zugängliche Dogmata der stoischen Philosophie behandeln (besonders epist. 113 und 117).

Lucilius' Frage – sie zielt nach Seneca auf ein mehr Freude als Nutzen bringendes Wissen wie diejenige von epist. 108,1 ab –, ob nämlich das *bonum* körperlich sei, deckt die keineswegs nebensächliche Begründung der stoischen Ethik in der Physik auf. Nach der Stoa wirkt und nützt das *bonum*. Es bewegt die Seele, gibt ihr Gestalt und Zusammenhalt. Da ein Körper nur auf einen Körper wirken kann, folgt daraus, daß die Seele ein Körper ist. Auch ein Gut der körperlichen Seele kann nur ein Körper sein (§ 4). Anstelle der erwarteten Schlußfolgerung, daß also die Tugenden als Güter der Seele körperlich sind, schiebt Seneca anderes ein (*ut aliud ... infulciam*, § 5). In Gestalt eines vorgetäuschten Dialoges

(*Non puto te dubitaturum ... Quid ergo? ...*, § 5) führt er nach der Reihe von Schlußfolgerungen in § 4 f. (bis *corpus est*) den Angesprochenen aufgrund des Erscheinungsbildes erregter Menschen (§ 5e) zu der Überzeugung (*credis*, § 5), daß die Affekte körperlich sind, desgleichen die Laster[21] (κακίαι), die Krankheiten der Seelen sind (*morbi animorum ... indurita vitia*, § 6). Affekte (πάθη) und Laster unterscheiden sich dadurch, daß diese einen dauerhaften Zustand der Seele, jene eine nur zeitlich beschränkte, also aufhebbare Störung darstellen. Cicero (Tusc. 4,30) definiert so: »Die Laster ... sind dauerhafte Zustände, die Leidenschaften wechselnde, so daß diese nicht Teile von jenen sein können.[22] Die Definition ist nicht ganz korrekt, weil der Unterschied zwischen *adfectio* (διάθεσις) und *habitus* (ἕξις) nicht beachtet wird, daß die ἕξις wechselnde (»sich bewegende«), verschiedene Grade zuläßt, die διάθεσις einen unabänderlichen Zustand bezeichnet. Die Beschreibung des den Affekten Verfallenen war in der antiken Literatur ein *locus communis*, wie Sen. ira 1,3,3, Sall. Catil. 31, Verg. Aen. 12,1 ff. und zahllose andere Stellen belegen. Wie in § 5 vom *bonum* auf die *mala* der Affekte und Laster übergegangen wurde, so geschieht dies in § 7 von diesen auf die *virtutes*. Sie seien *bona*, weil sie den *mala* der Laster entgegengesetzt seien, also die Definition als »wirkend« und »nützend« in § 4 auf sie zuträfe, und weil auch sie am Erscheinungsbild des Menschen erkennbar seien (§ 7).[23] Die folgende Aufzäh-

21 Zu Chrysipps Lehrsatz, daß die Tugenden und seelische Bewegungen körperlich sind, vgl. M. Pohlenz, *Die Stoa* I, S. 65; II, S. 38. Er bezeichnete die Tugenden sogar als Lebewesen (Stoic. vet. frg. 3,306), was Seneca zurückweist (epist. 113). Die genannte Begründung der Körperlichkeit der *bona* überliefert auch Cic. acad. 1,39. Die Körperlichkeit der Tugend ergab sich für die Stoa auch aus ihrer Definition als ἡγεμονικόν πως ἔχον (vgl. epist. 113,2.7; Stoic. vet. frg. 3,305).
22 Vgl. Stoic. vet. frg. 3,45: τὴν ἀρετὴν τοῦ ἡγεμονικοῦ τῆς ψυχῆς διάθεσίν τινα καὶ δύναμιν γεγενημένην, ὑπὸ λόγου, μάλιστα δὲ λόγου οὖσαν αἰτὴν ὁμολογουμένην καὶ βέβαιον καὶ ἀμετάπτωτον.
23 Dagegen polemisiert Plutarch von seinem platonischen Standpunkt in *De Stoicorum repugnantiis* 1042 F.

lung der *virtutes* geht wohl im Anschluß an Chrysipp (Stoic. vet. frg. 3,264 ff.)[24] über die Kardinaltugenden hinaus. Die in § 8 sich anschließende Reihe von Affekten und Tugenden und ihrer Wirkungen stellen eine begriffliche Detaillierung (rhetorische Figur der *distributio*/διαίρεσις) mit dem Ziel der Veranschaulichung dar. Seneca ist offensichtlich bestrebt, die Sprödigkeit einer systematischen Darstellung zu vermeiden. Er zielt auf lebensnahe Belehrung. Eine systematische Darstellung hätte wohl Lucilius' Frage, ob das *bonum* körperlich sei, in den Zusammenhang des in epist. 65,2 und epist. 102,7 Gesagten gestellt, hätte die Unterscheidung jener Stelle zwischen Ursache (*causa*) und qualitätsloser Materie (*materia iners*)[25] und die Identifizierung der *causa* mit *ratio*, dem göttlichen Pneuma und der Gottheit sowie die Übereinstimmung des *bonum* und der Tugend mit diesen dargelegt. Sie hätte schließlich die Definition in epist. 102,7 herangezogen, daß das *bonum* von einem (göttlichen) Geist zusammengehalten und gelenkt wird, und betont, daß es doch überhaupt nur ein Prinzip des Guten gebe, das letztlich in der Gottheit liege. Ein solches Lehrverfahren hätte nach Senecas Überzeugung dem Schüler zu viel zugemutet, es hätte sich über den *ordo docendi* völlig hinweggesetzt. Ein Nebensatz – *quidquid ex illis* est (§ 8) – deutet gerade noch eine Grundfrage der stoischen Lehre an, diejenige, ob tugendhaftes Verhalten und Handeln, obwohl nicht körperlich, ein Gut sei, ein Problem, das der 117. Brief zum Thema haben wird. Von daher stellt sich die Frage, ob die *excellentia hominis* überhaupt innerhalb einer materialistischen Philosophie gewahrt werden kann.

---

[24] Zu den altgriechischen Kardinaltugenden und den ihnen von Chrysipp »untergeordneten« Tugenden (ὑποτεταγμέναι ἀρεταί) vgl. M. Pohlenz I, S. 126; II, S. 72.

[25] ὕλη, ἄποιος οὐσία; vgl. dazu epist. 65,2; zur Sache M. Pohlenz I, S. 65 f. In aller Deutlichkeit sind Körper und Materie zu unterscheiden. Diese ist qualitätsloses Substrat, jener besteht aus Materie und Qualität, jene ist nicht handelnd (*iners*/ἄποιος), diese wirkend und handelnd (δρῶν ἢ καὶ ποιοῦν σῶμα, Stoic. vet. frg. 2,387).

Seneca meidet die Systematik eines Handbuches. Die Zielsetzung behutsamer Psychagogie bestimmt sein Vorgehen. Auf diese Weise löst er umfassendere Zusammenhänge in Einzelthemen auf und leitet durch Veranschaulichung sowie rhetorisches Raffinement die Seele des Lernenden. Abschnitte mit einer Aufreihung von Schlußfolgerungen in den §§ 4–5(a) und § 6 wechseln mit solchen eines Scheindialoges in § 5 und § 7. Diese schließen von Sichtbarem auf ein Gesetz der Physik, jene bedienen sich der Gesetze der Dialektik. Die antike Rhetorik empfahl diesen Wechsel zwischen monologischer und dialogischer Rede.[26] Neben der Verwendung von Anaphern, der genannten Distributio, Formelhaftem wie *mentior, nisi* (§ 5), *nisi dubitas, an ... an* (§ 5) u. a. gehören zu diesem Repertoire, die Ringkomposition zur Hervorhebung einer Sache (*scire magis iuvat quam prodest*, § 3; *latrunculis ludimus*, § 11), die Schlußpointe (*non vitae, sed scholae dicimus*, § 12) und die zahllosen Vergleiche (*comparationes*) aus dem römischen Alltagsleben. Diese Mittel sind für Seneca nicht Selbstzweck, dienen nicht der Selbstdarstellung, sondern stehen gerade bei Behandlung spröden Stoffes wie der Physik im Dienste der Seelenführung. Besonders in diesem Brief steht Senecas rhetorische Kunst ganz im Dienst der Philosophie.

Auf den vorhergehenden argumentativen Brief folgt mit dem **107. Brief** eine von einem konkreten Ereignis ausgehende Paränese zu einem philosophischen Leben, das sich in Geringachtung der Schicksalsschläge (§§ 2a–7a) und dem Gehorsam gegenüber dem Willen Juppiters beweist (§§ 7b–12). Daß sich in der Geringachtung dieser Welt und in der Erhebung zur Seelengröße durch Unterwerfung unter das Weltgesetz der *animus* des Menschen zu bewähren hat, ist Forderung der Stoa (Cic. frg. V 69 Mueller). Dieser Forde-

---

26 Cic. orat. 137; Beispiele für den Stilwechsel in Senecas Darstellung philosophischer Themen bietet M. Fuhrmann, S. 128 ff.

rung vermochte ein namentlich nicht genannter Sklavenbesitzer nicht zu genügen. Er bedurfte daher der Lebenshilfe durch Philosophie. Wie der Senecio des 101. Briefes war er ganz in rastloser Tätigkeit aufgegangen, als ihn großes Ungemach traf. Seine Sklavenschar ließ sich die Gelegenheit zur Flucht, die seine Arbeitswut bot, nicht entgehen. Für den Herrn bedeutete dies einen so herben Verlust, daß er dem Kleinmut verfiel und die Weltordnung angezweifelt zu haben scheint. Dazu kam offensichtlich menschliche Enttäuschung, als ob er seine Sklaven als seinesgleichen behandelt hätte (§ 1).[27] Hat ihn wirklich ein unvorhersehbares Ereignis getroffen? Der Sklavenhalter, wohl noch weniger von philosophischer Haltung als der genannte Senecio, der sich wenigstens durch die römische Tugend der *frugalitas* (epist. 101,3) auszeichnete, hatte nicht die Kardinaltugend der praktischen Klugheit (*prudentia*/φρόνησις) – Seneca wird auf sie in epist. 113,19 zu sprechen kommen und sie im 117. Brief eingehend erörtern –, sondern nur die vorausschauende Berechnung eines geschäftstüchtigen Managers, der sich günstige Situationen nicht entgehen ließ. Nichts anderes ist sicherlich mit der Formulierung *in dispiciendis rebus* – im Gegensatz zu *despiciendis rebus* (*humanis*) – gemeint.

So ist dieser Kapitalist Beispiel des den *indifferentia* verfallenen Menschen, der, von der Unfreiheit anderer abhängig, mit der Gewinnung der äußeren Freiheit durch seine Skla-

---

27 Zum Wert von Sklaven U. E. Paoli, *Vita Romana*, Florenz 1990, S. 108; zur Sklaverei allgemein M. I. Finley, *Die antike Sklaverei*, Frankfurt a. M. 1987 (Fischer Taschenbuch; mit reicher Bibliographie); K. Christ, *Die Römer*, München 1984, S. 86–88; W. Zeev Robinsohn, *Die großen Sklavenaufstände in der Antike. 500 Jahre Foschung*, Darmstadt 1993; zur Flucht von Sklaven H. Bellen, *Studien zur Sklavenflucht im römischen Kaiserreich*, Wiesbaden 1971; zur Bindung an ihre Herren Plinius, epist. 3,14; Sen. benef. 3,22–27; zum hier erkennbaren emotionalen Verhältnis zwischen Herren und Sklaven epist. 47 (Sklavenbrief), bes. §§ 10–13 und Tac. ann. 14,42–45.

ven seinen eigenen Mangel an innerer Freiheit demonstriert. Er ist Beispiel für all jene, die der Hilfe und des Trostes der Philosophie bedürfen. Sein Reichtum hat ihn von der Realität dieser Welt und der der Weltordnung entfernt. Daher enthüllt Seneca ihm und Leuten seines Schlages die *vitae condicio* (§ 2), dann die *rerum condicio* (§ 7),[28] und zwar in den §§ 2–8a bzw. 8b–12. Dabei geht er von Beispielen für den unberechenbaren Wechsel aller Dinge im römischen Alltagsleben aus, d. h. auf Unglück, das von Menschen kommt (wie in epist. 103,1), und geht weiter zu dem Leid, das durch die Maßlosigkeit der Natur verursacht wird (§ 7). Der Mensch hat auf den Wandel der Dinge die angemessene Antwort zu finden, und zwar durch Geringachtung dessen, was in Wahrheit den *incommoda* zuzurechnen ist. Die Geringachtung wird ermöglicht durch das Vorherbedenken und Vorausberechnen von Ereignissen, die erst durch die Plötzlichkeit ihres Hereinbrechens in ihrer Unbedeutendheit nicht erkannt werden. Unsere Unwissenheit verleiht ihnen eine Bedeutung, die sie nicht haben. Statt dessen wird der Ruf nach dem Tod erhoben, den Seneca als Beweis für menschliches Versagen und Feigheit demaskiert (§ 3), also wie in epist. 104,3 f. keineswegs im Sinne der stoischen εὔλογος ἐξαγωγή gelten läßt. Dieser Ruf ist wie der Mangel an Verantwortung gegen die Nächsten in dem genannten Brief von einem Affekt, nicht von der *ratio* diktiert, und Seneca hält diesem Versagen kühle Berechnung und Disziplin am Beispiel des vorausschauenden Soldaten entgegen (§§ 3, 4 und 9)[29], der bereit und furchtlos ist (§ 4). Er schwelgt in Ausdrücken, die die zu dieser Tapferkeit (*fortius*, § 4) erforderliche geistige Vorbereitung benennen (§ 3 f.), und schärft damit dem Lucilius schon Bekanntes abermals ein.

---

[28] Zur *vitae (humana) condicio* vgl. epist. 71,6; 76,13 (*humana condicio = rerum c.*); 98,16; 99,16; 110,4. Zum folgenden Beispiel des Badewesens anschaulich R. A. Staccioli, *Le terme di Roma antica*, Rom 1995 (pass.).

[29] Zur bei Seneca beliebten Metapher soldatischen Widerstandes gegen das Schicksal vgl. epist. 98,4 und 99,32 mit Anm. 9 bzw. 30.

In § 5 läßt Seneca den Sklavenhalter gegen den Aufruf zur Geringachtung der *indifferentia* seine Stimme erheben – er weiß, daß Zuspruch nicht gleich zum Erfolg führt – und antwortet ihm. Er verwendet also wie in epist. 106,1 wieder das Stilmittel der *subiectio*. Die Reihe der Antworten (siebenmalige Anapher von *alium*) fächert in der Form der Distributio die Vielzahl des von Menschen drohenden Unheils auf. Dazu drohen von allen Seiten die Pfeile des Schicksals (dreimaliges *quaedam*, § 5). Diese vielfältigen Erscheinungsformen der Gefährdung laufen gleichsam auf einen Punkt zusammen. Sie sind alle gleich, wie Seneca, ohne die hohe Stilebene zu verlassen, vergegenwärtigt (zweimaliges *paria sunt* und *Aequum ... ius est*). Dagegen ist der Seele Gleichmut (*aequitas*)[30] und klaglose Bereitschaft zur Tributleistung an die eigene Vergänglichkeit zu verordnen. Seneca verwendet hier den u. a. in der Trostliteratur verbreiteten Topos *non tibi hoc soli* (Cic. Tusc. 3,79) und verbindet damit die stoische Methode der Reduzierung der Vielfalt von Erscheinungen auf ein einziges Gesetz. Aus der Einsicht in diese Gesetzlichkeit erwächst die Paränese, nicht betroffen zu sein, sondern Gelassenheit zu wahren. Nicht nur den Gefahren von seiten der Mitmenschen, sondern auch der Vielzahl von Bedrohungen aus der Natur ist mit der Härte zu begegnen, die dem Soldaten eigen ist (§ 7). In streng parallelem Aufbau über drei Glieder – die Reihe der Gerundivkonstruktionen ahmt militärischen Kommandoton nach – demonstriert Seneca die Vielfalt der Gefahren aus der Maßlosigkeit der Natur. Klimax und Antiklimax von § 5a zu § 7 überkreuzen sich; denn der Blickwinkel ist erweitert und die Gefahren scheinen gewaltiger, aber diejenigen von seiten der Mitmenschen sind doch die größten. Auch hier wird die Vielzahl der Erschei-

---

30 Zur *aequitas* (*animi*) als Antwort auf das für alle gleiche Schicksal vgl. epist. 91,16; 98,16; 99,9; zum folgenden *mirari*: Nur der *animus* und das Universum verdienen Bewunderung (epist. 8,5; de otio 8,5 u. ö.). Nur sich über nichts zu wundern sichert das glückliche Leben, Hor. epist. 1,6,1. Ausführlich über *mirari* in epist. 115,8–18.

nungen zusammengefaßt in der *rerum condicio*, die die *vitae condicio* umschließt. Sie ist dem Zugriff der Menschen entzogen. Die Größe des menschlichen Geistes beweist sich darin, sich zur Seelengröße als der eines sittlichen Menschen würdigen Haltung zu erheben. Daß die *contemptio rerum humanarum* zur *magnitudo animi* durch Schau der Weltordnung aufsteigen soll, hat Seneca durch die Wortwahl verdeutlicht (*contemnes, si ... Nemo non fortius ... accessit*, § 3 f. – *quo fortiter fortuita patiamur*, § 7), wie er die aufsteigende Linie von § 3 über § 6 zu § 7 durch Verwendung der zweiten und dritten Person, durch die von *animus* bzw. *magno animo* et *viro bono digno* unterstreicht. Diese Haltung beruht, fern von Klagen und Sträuben, in der Übereinstimmung mit der Naturordnung, d. h. der Anpassung an und der Unterwerfung unter den Willen Juppiters (§ 9).

In einer letzten Steigerung weitet Seneca den Blickwinkel auf den gewaltigen Wandel auf Meeren und im Kosmos aus und führt diesen wieder auf eine Gesetzlichkeit zurück, und zwar auf zweifache Weise: Die Natur lenkt dieses sichtbare Reich maßvoll, und die Ewigkeit des Seins besteht gerade in einem Gleichgewicht der Gegensätze (§ 8). Die Seelengröße und die Übereinstimmung mit der Natur ist nichts anderes als die Anpassung an dieses Gesetz, das als *fatum* und *ordo* identisch ist mit dem Willen der Gottheit, wie auch andere stoische Texte überliefern. Dieser Ordnung widerstreben zu wollen, verrät einen beschränkten und aus der Art eines Menschen geschlagenen Geist. Damit schließt sich der Kreis über § 9 zum Anfang des Briefes. Dem Unterweltszenario aus Vergils *Aeneis*, das diese Welt charakterisiert (§ 3), stellt Seneca mit den Versen des Stoikers Kleanthes – es fehlt ihnen nicht die Würde Ciceros, der sie übersetzt hat – den Aufruf zur Bereitschaft, den Vollzug des Weltgesetzes zu unterstützen, entgegen. Daß der Mensch die Freiheit hat, dies zu leisten, beweisen spätere Briefe wie epist. 113,18 f.

Die *prudentia* des Großkapitalisten, der sich in die Jagd nach der Menge sich immer wandelnder Gegenstände ver-

strickt hat, erweist sich trotz großer Pläne als *pusillanimitas*, unfähig, die *aeternitas rerum* zu begreifen, die aus gegensätzlichen Dingen – den *indifferentia* und den *mala* – besteht, die ihren Sinn erst vom Weltganzen her erfahren, wo es doch in der Natur des seiner nicht entfremdeten Menschen läge, seinen Geist auf die Unermeßlichkeit in Raum und Zeit auszubreiten (epist. 102,21).
Augustinus hat zur Zeit seiner Bekehrung vom christlichen Standpunkt aus vor allem mit Rückgriff auf die Stoa im ersten Tagesgespräch des Dialoges *De ordine* dieses Gedankenfeld entwickelt.[31]

Erneut hat Lucilius aus von Wißbegierde verursachter Übereilung eine Frage gestellt, die erst in einer Gesamtdarstellung der Ethik sinnvoll beantwortet werden kann. Seneca geht deshalb dieses Mal, im **108. Brief**, nicht darauf ein. Übereifer schadet dem Lernprozeß.[32] Er legt vielmehr dar, daß es auf die angemessene Vorgehensweise, den *ordo docendi*, sowie die richtige Zielsetzung ankommt. Dessen ist sich Lucilius durchaus nicht bewußt. So behandelt Seneca gerade diese Punkte, und zwar aufgrund der Erfahrung seines eigenen Lebens. Auf die Frage seines Schülers wird er im folgenden Brief eingehen. Der Brief vermittelt ein anschauliches Bild von Senecas Jugend und Lehrern, des Lehrbetriebes seiner Zeit sowie der Kämpfe zwischen den damaligen Philosophenschulen und den in die *urbs* eindringenden orientalischen Kulten um die Gewinnung der Seelen junger Menschen und der wechselvollen Reaktionen des Kaiserhauses auf das Vordringen von geistigen Strömungen, die damals in Rom kaum bekannt waren. Senecas Lebenslauf in einer Gesellschaft, die sich ihrer Grundlagen unsi-

---

31 Vgl. dazu H. Gunermann, »Literarische und philosophische Tradition im ersten Tagesgespräch von Augustinus' ›De ordine‹«, in: *Recherches Augustiniennes*, Paris 1973, S. 183–226.
32 Lucilius' Lerneifer wurde schon früher gelobt (epist. 16,1; 41,1; 47,1). Seine Frage wird erst im folgenden Brief beantwortet.

cher geworden ist, ist als Beispiel und Orientierungspunkt dargestellt. Belehrung der Jugend kann nur durch Vorbild und Paränese erfolgen. Seneca selbst hat sich in jungen Jahren den philosophischen und religiösen Strömungen seiner Zeit mehr geöffnet, als seinem Vater lieb war. Besonders beeinflußt wurde der junge Seneca von dem Stoiker Attalus, dessen ganz auf ethische Unterweisung abgestimmte Lehrmethode ihn beeindruckte. Philosophie war nach ihm nicht Zeitvertreib für Müßiggänger, sondern – immer noch im Sinne hellenistischer Philosophie – das Streben um Heilung der Krankheiten der Seele, Ringen um ethische Maßstäbe, um die Sache, nicht um Worte. Philosophie wendet sich danach mit großer Aussicht auf Erfolg an die dazu von der Natur im Menschen bereitgestellten Anlagen (§ 8).

Diese Aussagen der §§ 3–16 dürfen wir zum großen Teil als die Rede des Attalus bewerten, die Seneca für sein ganzes Leben geprägt hat,[33] und zwar gerade auch in der Ablehnung der Dialektik, wenn diese, zum unrichtigen Zeitpunkt eingesetzt, bloße Spielerei und Selbstdarstellung ist. Der Einfluß dieses Mannes auf Seneca war gewiß auch darin begründet, daß er den stoischen Weisen im Gegensatz zu seiner Schule als ein erreichbares Ziel bewertete. Seine Sprache und sein Leben hat sich Seneca zum Vorbild genommen. In dem folgenden Bericht über seine Berührung mit den Neupythagoreern (§ 17) und der von diesen beeinflußten Schule der Sextier sowie mit Sotion (§ 19 f.) wird die Begeisterungsfähigkeit des jungen Seneca, die er bei seiner Begegnung mit Attalus bewiesen hat, erkennbar. Seneca scheint das in § 1 f. angekündigte Thema des Briefes aus dem Blick zu verlieren. Aber das Erwecken von Begeisterung für sittli-

---

[33] Epist. 109 pass.; 110,1; Griffin, *Seneca*, S. 42. Attalus wurde auf Betreiben von Kaiser Tiberius' Gardepräfekten Sejan aus Rom vertrieben (Sen. Suas. 2,12). Senecas Familie stand dem Kreis, den Sejan um sich aufgebaut hatte, nahe. Für das Urteil, das Senecas Vater über den Philosophen hatte, war dies nicht ohne Bedeutung. Zu den im folgenden genannten Philosophen vgl. M. T. Griffin, S. 38 f.

ches Handeln und ein anspruchsloses Leben entspricht dem in § 2 geforderten Vorgehen in kleinen und psychologisch wohlbedachten Schritten. Die Themen der Lebensführung, die von den orientalischen Kulten und von den durch sie beeinflußten Neupythagoreern und von Attalus vor allem emotional angesprochen wurden, müssen den Adepten der Philosophie über eine lange Wegstrecke nahegebracht werden. Es folgt die Erlangung des Zustandes einer erhabenen Gesinnung, welche die Unermeßlichkeit von Raum und Zeit erfaßt (epist. 102,21; 104,21; 107,7 f.) und endlich die dialektische Begründung der Ethik aus der Physik (epist. 117). Dann ist der Weg in das *sacrarium* der Weisheit wirklich gesichert (epist. 103,4).

Die endgültige Sicherung der Grundlagen der Ethik durch Dialektik hat Seneca wohl in seiner *moralis philosophia* vorgesehen. Für die ethische Belehrung jedenfalls ist die Fähigkeit zu begeistern und sich begeistern zu lassen unverzichtbar. Die aufgezählten Lehrer Senecas haben dies bewiesen. Attalus scheint aber auch vor unechtem Enthusiasmus gewarnt und drei Gruppen von Begeisterten unterschieden zu haben, diejenigen, die die Vorlesungssäle der Philosophen als Zufluchtsstätten ihres zum Nichtstun pervertierten *otium* und zu Foren ihrer Wichtigtuerei umfunktionieren (§ 6), andere, die sich zu orgiastischer Begeisterung für die Schönheit philosophischer Themen nach Art von Priestern der Magna Mater bei Kultfesten fortreißen lassen, dann aber bald dem aller Sittlichkeit feindlichen Einfluß der Menge nachgeben, und endlich die wenigen unter ihnen, die sich dauerhaft von Philosophie leiten lassen (§ 7).

Mit ähnlich kritischem Sinn betrachtet Seneca seine Lehrer. Die Belehrung der Pythagoreer und ihrer Anhänger begeistert zwar (§ 20), aber sie stützen sich zu sehr auf ihre Autorität (*Magni ista crediderunt viri*, § 21). Ihre Lehren müssen eben doch geprüft werden (§ 21). Sie vermitteln eine schlichte Gesittung (*frugalitas*, § 21; vgl. epist. 101,4), aber gewiß kein wissenschaftlich begründetes System der Ethik.

Daß ihre Morallehre anders als die der Stoa, aus der einem entarteten Kaiserhaus gefährliche Widersacher hervorgingen, der Ablehnung der Monarchie nicht standhielt, dafür gab Seneca selbst Zeugnis. Unter dem Druck seines philosophiefeindlichen, auf die Karriere seiner Söhne bedachten Vaters kehrte er zu seiner früheren Lebensweise zurück. Kaiser Tiberius lehnte orientalische Kulte und von diesen beeinflußte Philosophen ab (§ 22).[34]

Mit § 22 endet der persönlich gehaltene Teil des Briefes, der zeigt, mit welchem Schwung sich junge Menschen auf gute Ziele werfen, wenn sie auf geeignete Lehrer stoßen. Deshalb hebt Seneca die Bedeutung der angemessenen Nützung der Lebenszeit hervor (§ 23). Der Vergeudung der Zeit und des Verstoßes gegen den *ordo docendi* machen sich nicht nur diejenigen schuldig, die zur Unzeit Dialektik statt die rechte Lebensweise vermitteln, sondern auch Lehrer, die statt Liebe zur Weisheit Liebe zu Wörtern vermitteln (*philosophia – philologia*). Seneca zeichnet in § 24 ff. ein eindrucksvolles Bild des zweiten Bildungsabschnittes eines jungen Römers der privilegierten Schicht, der durch die *grammatici* und die *philologi* in das Studium der Klassiker eingewiesen wurde. Er sollte formale und stilistische Einsichten gewinnen sowie Kenntnisse der Realien erwerben.[35]

---

[34] Kaiser Tiberius betrieb, wohl auch veranlaßt durch einen Skandal, in den die Frau eines Senators im Zusammenhang mit dem Isiskult verwickelt wurde (Iosephus Flavus 18,65 ff.), ein *senatus consultum* gegen ägyptische Kulte und gegen die jüdische Religion (Tac. ann. 2,85,4). Zu orientalischen Kulten in Rom vgl. u. a. K. Christ, *Die Römer*, S. 179, und E. Kornemann, *Römische Geschichte*, Bd. 2, S. 180.

[35] Vgl. dazu die köstliche Aufzählung des Iuvenal, sat. 7,233–236. Die πολυμαθία wurde eben in epist. 106,12 (vgl. epist. 2; 45,1; Iuv. sat. 3,219 und besonders anschaulich in tranqu. an. 9,4) verworfen, und zwar wegen der Kürze des Lebens (*tempori parce*, epist. 88,39). Andererseits erkennt er die *artes liberales* als *adiutorium* der Philosophie an (epist. 88,25; vgl. A. Stükkelberger, S. 60–67). Zur Sache allgemein vgl. Stückelberger, S. 71–76. Seneca stellt jedenfalls nicht in Rechnung, daß er den *grammatici* seine umfassende Kenntnis der klassischen Literatur verdankt, durch die er häufig Vergil und Ovid zitieren kann.

Es handelte sich um einen privaten Unterricht vor allem durch Sklaven und Freigelassene. Die Stoiker dagegen interpretierten Stellen aus der Literatur ethisch-allegorisch. Ein Beispiel bietet Seneca, Const. sap. 2,1: »Unsere Stoiker stellen Odysseus und Herkules als weise dar, unbesiegbar von Mühsalen, Verächter des Vergnügens und Sieger über Ängste.« Eine entsprechende Forderung ist in § 35 und anderwärts gestellt (epist. 88,1): »Alles, was Du liest, sollst Du sogleich auf die Sitten beziehen.« In § 24 ist anhand von Vergil, Georg. 3,284 (*fugit irreparabile tempus*), gezeigt, wie solche Literaturinterpretation, soll sie gewinnbringend sein, erfolgen soll. Mit Entschiedenheit wendet sich Seneca gegen eine Realienkunde, die wertlose Einzelheiten anbietet, am Beispiel von Ciceros *De re publica* (2,30 ff.). Die Unsitte des *inane studium* sei aus Griechenland nach Rom gekommen, wie die Forschung nach der Zahl der Ruderer des Odysseus, danach, ob die *Ilias* oder die *Odyssee* früher geschrieben wurde usw. (Sen. de brev. 13,2; Diog. Laert. 6,27). Vielleicht sollen solche Ausführungen auch ein Seitenhieb auf Kaiser Tiberius sein, der nach dem Bericht des Sueton abstruse Realienkunde liebte (Suet. 70). Die *liberalia studia* tragen nichts zur Erlangung der *virtus* bei (epist. 88,20). Sie sind wie überflüssiger Hausrat zu entsorgen (ebd. § 35 f.), und die Grammatiklehrer haben ihm wertvollste Zeit geraubt (epist. 58,5). Das Ziel aller hellenistischen Philosophenschulen ist es, durch die Tugend zu einem »gelungenen Leben« zu gelangen (*beata vita* § 35). Die Jugend bedarf dazu der Führer, die durch Lehre und Leben über die Gefahren und Stürme dieses Daseins zu diesem Ziel leiten können, weil sie Vermittlung von Philosophie nicht als Gelderwerb, sondern als Lebensaufgabe betrachten (§ 35 ff.). Denn »wir werden durch die Mühe anderer zu den schönsten Gegenständen, die von der Finsternis ans Tageslicht gebracht worden sind, geführt« (Sen. de brev. 14,1).

Im vorhergehenden Brief ist Seneca auf die von Lucilius gestellte, den *ordo docendi* störende Frage nicht eingegangen. Er hat sie nicht einmal genannt. Dafür hat er den *ordo docendi* in dem persönlichsten aller seiner Briefe besprochen. Jetzt, im **109. Brief**, antwortet er. Die Frage lautete: »Kann der Weise dem Weisen nützen?« Wenn die rigiden Lehrsätze seiner Schule wie der, daß der Weise ein vollkommenes und autarkes Wesen sei, zu befremdlichen Diskussionen führte, so darf dies nicht darüber hinwegtäuschen, daß damit oft die Grundlagen des stoischen Lehrsystems berührt wurden. Als vollkommenes Wesen bedurfte der Weise nach den meisten Stoikern der Mitmenschen und sozialer Bindungen nicht. Der Satz des Aristoteles, daß der Mensch seine Vollendung zum sittlichen Leben (εὖ ζῆν) erst in der Gemeinschaft erfahre und daß der außerhalb dieser, also ohne Gesetz und Tugend Lebende entweder das wildeste Wesen oder höher als ein Gott sei (pol. 1253a 1–4), widersprach dem Rigorismus der Stoa völlig. Der Stoiker Attalus scheint ihm gefolgt zu sein, und an ihn hielt sich Seneca. Schon Panaetius, dessen Ethik vor allem in Ciceros *De officiis* überliefert ist, hat sich dieser Realitätsferne der Stoa entzogen. Cicero hat gewiß in seinem Sinn (off. 1,152 ff.) im Anhang an Panaetius' Ausführungen über den Konflikt sittlicher Anforderungen erklärt, daß der Weise auf Erkenntnis verzichte, wenn Mitmenschen eben seiner Hilfe bedürften. Er milderte also das Bild des stoischen Weisen durch Betonung der sozialen Komponente ab mit weitreichenden Folgen für die Wertelehre der Stoa, die Seneca nicht mitvollzog. Für Seneca bleibt die *sapientia* die dominierende unter den Kardinaltugenden (besonders epist. 117). Sie beweist sich nach ihm im Handeln, Nützen, und indem sie Anstoß zu sittlichem Handeln gibt. Ganz ähnlich wird in epist. 65,11–14 die *causa generalis* charakterisiert, die mit der *ratio* und der Gottheit identifiziert ist. Die Vernunft des einzelnen Weisen und der Gottheit sind gleichgeartete, aber doch selbständige Wesen – die Seele des Men-

schen ist ja »abgelöster Teil« (ἀπόσπασμα) der Weltvernunft –, von denen jeder seine Ziele verfolgt.³⁶ Aber der Weise kann nicht gegen die Weltordnung verstoßen, kann nicht schlecht handeln (§ 3). Der Schlechte kann nicht anders als schlecht handeln (§ 4). Die vom Weisen an einen anderen Weisen gerichtete Förderung besteht in der Anregung zu den und Förderung der εὐπάθειαι, der Erweiterung des Wissens und dem Verkürzen des Weges zur Erkenntnis. Im Bild gesagt: Er hilft durch Anfeuerung (Paränese) dem Laufenden (§ 6).

Das dem Weisen eigene Vermögen (*propria vis*) ist das Handeln, wie die Süße eine notwendige Eigenschaft, ein Akzidens³⁷ des Honigs ist, allerdings nur nach dem Urteil desjenigen, dessen Geschmacksorgan gesund ist. Derjenige, von dem eine fördernde Handlung ausgeht und derjenige, auf den sie zielt, müssen gesund sein, wenn das Ziel, Nutzen zu stiften, erreicht werden soll. Dies trifft uneingeschränkt nur für Weise untereinander zu (§§ 6b–7).

In § 8 ff. liegt ein Abschnitt dialektischer Beweisführung vor. Die Strenge der Gedankenführung wird dabei wie an verwandten Stellen durch einen vorgetäuschten Dialog (*inquit, respondebo*), durch lebensnahe Vergleiche, durch rhetorische Mittel (Anaphern u. a.) sowie durch wechselnde Formen der Schlußfolgerungen verdeckt.³⁸ Die helfende und nützende Tätigkeit des Weisen und der vollkommene Zustand seiner Seele werden verglichen mit dem höchsten Grad der Hitze und ihrer Auswirkung, mit der vollkommenen Ausstattung von Menschen zu einer im Bereich der *indifferentia* zu vollziehenden Handlung. Für einen auf den

---

36 Zur Gleichwertigkeit der Vernunft des Menschen mit der der Gottheit epist. 92,1; M. Hossenfelder, S. 88 f. Zur Seele des Menschen als ἀπόσπασμα des göttlichen Pneumas Cic. Tusc. 5,38; Cato m. 78; div. 1,109; Sen. epist. 65,16 f.; nat. quaest. 1, praef. 14.

37 Zum Thema der Akzidentien vgl. epist. 117 im Zusammenhang der Kategorienlehre. Zur folgenden Voraussetzung der Gesundheit des zu Fördernden vgl. epist. 102,18.

38 M. Hossenfelder, S. 78 f., stellt die Grundformen der Syllogismen zusammen.

höchsten Hitzegrad gebrachten Gegenstand ist weitere Hitzezufuhr überflüssig. Ebenso sinnlos ist für einen zum höchsten Grad des Guten gebrachten Menschen zusätzliche Förderung.[39] Menschen, die zu einer im Bereich der *res humanae* zu vollbringenden Tätigkeit hinreichend ausgestattet sind, bedürfen weiterer Hilfe nicht. Folglich bedarf auch der Weise keiner Förderung. Er ist für das Leben hinreichend gerüstet. Dem Einwand, daß einem Körper, der auf den höchsten Hitzegrad gebracht ist, weitere Hitze zugeführt werden muß, damit er bei diesem höchsten Hitzegrad bleibt, wird entgegengehalten, daß dieser Einwand für diesen Körper, nicht für die Hitze gilt, die sich hält.

Der Vergleich der nützenden Tätigkeit des Weisen mit der Wärme wird zurückgewiesen, erstens weil die Wärme eine einzige Erscheinungsform hat, das Nützen viele, zweitens weil die Wärme keiner »Hinzufügung« bedarf, um warm zu sein. Mit *adiectio* ist »Ergänzung, Begleiterscheinung« im Sinne eines Akzidens (*contingens*) gemeint.[40] Der Weise dagegen bedarf zur Wahrung seines Zustandes des Verhaltens als Weiser (*sapere*), des Nützens. Ohne diese Tätigkeit ginge der Zustand der Weisheit verloren. Dazu braucht er ihm gleiche Freunde, mit denen er seine Tugenden teilt (§ 10). Überdies gilt: Alle Tugenden sind miteinander durch Freundschaft verbunden. Dieser Satz von der Antakoluthie der Tugenden (wer eine Tugend hat, hat alle; wer eine nicht hat, hat keine) wird auf den personalen Bereich mit Hilfe eines Wortspieles (*amicitia – amare – amandas*) übertragen und der Schluß vollzogen: Das Nützen des Weisen beruht

---

39 Der Vergleich *calor – prodesse* ist deswegen unbrauchbar, weil *prodesse* reine Erscheinungsform von *sapere* (dazu epist. 117) und damit ein Akzidens der *sapientia*, *calor* aber identisch mit dem πῦρ τεχνικὸν αὐξητικόν τε καὶ τηρητικόν, mit dem göttlichen Pneuma und damit der Physis ist. Die Wärme aber, die einer Zufuhr bedarf, ist das πῦρ ἄτεχνον, das zerstörende und verwandelnde Feuer (vgl. dazu M. Hossenfelder, S. 82).

40 Die *adiectio* verwendet Seneca in eigentlicher Bedeutung (vgl. *accedere* in epist. 117,5) und für den philosophischen Terminus technicus des Akzidens.

auf der Liebe zu den Tugenden anderer Weiser und auf der Liebe dieser für seine Tugenden (§ 10). Wahre Freundschaft kann nur zwischen Weisen aufgrund der Tugenden bestehen. Dem entspricht, daß nur ein im Besitz der vollkommenen Vernunft Befindlicher einen anderen, der in demselben Zustand ist, aufgrund der gemeinsamen Vernunft sinnvoll beeinflussen kann (§ 11). Die Nichtweisen wie der Landmann und der Soldat in § 8 stiften im Bereich der *res humanae* mit den entsprechenden Mitteln vordergründigen Nutzen. Wahre Förderung aber besteht darin, die Seele eines anderen gemäß der Naturordnung aufgrund der eigenen Tugend zu beeinflussen. Dann stellt sich Nutzen ein für den Unterstützten und für den Helfer. Dieser Gedanke wird in epist. 117,15 vertieft werden (§ 12). Die gegenseitige Förderung unter Weisen ist auch im Bereich der *indifferentia* zu erstreben (*expetenda* = αἱρετά; vgl. epist. 117,5.17), weil die Gemeinschaft unter Guten naturgemäß und damit ein *bonum* ist (§ 13).

Der Hinweis auf die Naturgemäßheit der Förderung anderer im Bereich der *indifferentia* weist auf den zweiten Teil des Briefes voraus (§ 14 ff.), der über Lucilius' Frage hinausgeht. Der Weise zieht sich nicht aus der Welt zurück. Er nimmt den Rat eines anderen im Bereich privater und politischer Anliegen – es sind dies kurzlebige Gegenstände (*mortalia*)[41] – in Anspruch. Die Forderung der Naturordnung erfüllend, nützt er nicht nur anderen Weisen in die Weltordnung und sittliche Werte betreffenden Fragen, sondern er fördert auch weise Freunde und solche, die auf dem Wege zur Weisheit sind, durch praktische, nicht philosophisch verstandene Klugheit (§ 15).[42] Zwar haben Weise wie

---

41 Zum stoischen Begriff der Ewigkeit als Gegenbegriff zu *mortalia* vgl. M. Hossenfelder, S. 83.
42 Zur absichtsvollen Verwendung von *prudentia* als vorausplanende Klugheit an den genannten Stellen und als Kardinaltugend der φρόνησις (praktische Weisheit, in epist. 117 verwendet er *sapientia*, weil er das Verb *sapere* als Akzidens braucht) vgl. epist. 113,1.19.

Nichtweise in den Anliegen anderer oft einen schärferen Blick, aber diesen nehmen Affekte wie Eigensucht und Furcht die Sicht für ihren Vorteil. Nur wer von diesen Affekten befreit ist, wird sich weise verhalten (*sapere*) können. Mit der *communis prudentia* und mit *dispectus utilitatis* ist auf den Kapitalisten von epist. 108,1 verwiesen, der, den *indifferentia* verfallen, sich nicht zum Verhalten eines Weisen aufschwingen konnte. Die völlige Gemeinsamkeit in sittlichen Zielsetzungen aber ist nur unter Weisen möglich (§ 16).

Die Conclusio erinnert an die Nutzlosigkeit solchen durch Dialektik gewonnenen Wissens wie in epist. 106,3.12 sowie epist. 108,1 für den Erwerb der Kardinaltugenden. Die Worte *fortiorem fac me, iustiorem, temperatiorem* sowie das Folgende werden in der Conclusio der epist. 117,33 fast wörtlich wiederholt. Der vorliegende Brief hat eine Reihe der dort entwickelten Fragestellungen angesprochen.

Literaturhinweise

Ausgaben und Übersetzungen

Apelt, O.: Lucius Annaeus Seneca. Philosophische Schriften. Übersetzt, mit Einleitungen und Anmerkungen versehen. Bd. 4: Briefe an Lucilius 82–124. Leipzig: Meiner, 1924. Nachdr. Hamburg: Meiner, 1993.

Beltrami, A.: L. Annaei Senecae ad Lucilium epistulae morales. 2 Bde. Rom: Typis Publicae Officinae Polygraphicae, 1931. ²1949.

Boella, U.: Lettere a Lucilio di Lucio Annaeo Seneca. Lat./Ital. Turin: J. B. Paravia, ²1969.

Glaser-Gerhard, E.: L. Annaeus Seneca. Briefe an Lucilius. 2 Bde. Reinbek bei Hamburg: Rowohlt, 1965.

Gummere, R. M.: Seneca ad Lucilium. Epistulae Morales. Lat./Engl. 3 Bde. London/Cambridge (Mass.): Heinemann, 1917. 1989.

Monti, Giuseppe: Lucio Anneo Seneca. Lettere a Lucilio. Lat./Ital. 2 Bde. Traduzione e note, testo latino a fronte, introduzione di Luca Canali. Mailand: Biblioteca Universale Rizzoli, ¹⁰1993.

Préchac, F.: Sénèque. Lettres à Lucilius. Lat. mit frz. Übersetzung von H. Noblot. 5 Bde. Paris: Société d'Éditions »Les Belles Lettres«. – Bd. 1: Buch 1–4. 7., rev. Aufl. von A. Novara, 1985. – Bd. 2: Buch 5–7. ⁵1987. – Bd. 3: Buch 8–13. ³1979. – Bd. 4: Buch 14–18. ²1971. – Bd. 5: Buch 19–20. ³1979.

Solinas, F.: Seneca, lettere morali a Lucilio. 2 Bde. (Lat. Text nach L. D. Reynolds). Prefazione di C. Carena. Mailand: Mondadori, 1995.

Reynolds, L. D.: L. Annaei Senecae ad Lucilium epistulae morales. 2 Bde. Oxford: Clarendon Press, 1965. ⁷1991.

Rosenbach, M.: L. Annaeus Seneca. Philosophische Schriften. Lat./Dt. Bd. 3 und 4: Ad Lucilium epistulae morales 1–69 und 70–124 [125]. (Lat. Text von F. Préchac.) Darmstadt: Wissenschaftliche Buchgesellschaft, 1995. (Sonderausgabe aufgrund der 4. Auflage von 1995 bzw. der 2. Auflage von 1987.)

Loretto, F.: L. Annaeus Seneca. Epistulae morales ad Lucilium / Briefe an Lucilius über Ethik. Lat./Dt. Stuttgart: Reclam. – Liber I / 1. Buch 1977 [u. ö.]. – Liber II / 2. Buch 1982 [u. ö.]. – Liber III / 3. Buch. 1985 [u. ö.]. – Liber IV / 4. Buch. 1987. –

Liber V / 5. Buch. 1988. – Liber XIV / 14. Buch. 1993. – Liber XV / 15. Buch. 1996.
Rauthe, R.: Liber VI / 6. Buch. 1986. – Liber VII / 7. Buch. 1990. – Liber VIII / 8. Buch. 1991. – Liber IX / 9. Buch. 1994. – Liber X / 10. Buch. 1995. – Libri XI–XIII / 11.–13. Buch. 1996.
Gunermann, H.: Liber XVI / 16. Buch. 1997.

Ausgewählte Forschungsliteratur

WdF Maurach, G. (Hrsg.): Seneca als Philosoph. Darmstadt ²1987. (Wege der Forschung. 414.)

Abel, K.: Bauformen in Senecas Dialogen. Heidelberg 1967.
– Das Problem der Faktizität der Seneca-Korrespondenz. In: Hermes 108 (1981) S. 472–499.
Baltes, M.: Die Todesproblematik in der griechischen Philosophie. In: Gymnasium 68 (1961) S. 97–128.
Blänsdorf, J. / Breckel, E.: Das Problem der Zeit. Zeitbesitz und Zeitverlust in Senecas Epistulae Morales und De brevitate vitae. Freiburg 1983. [Bes. S. 35–37.]
Busch, G.: Fortunae resistere in der Moral des Philosophen Seneca. In: Antike und Abendland 10 (1961) S. 131–153. Wiederabgedr. in: WdF 414. S. 53–94.
Bütler, H.-P. / Schweitzer, H.-J.: Seneca im Unterricht. Heidelberg 1974. [Rez. von A. Kohl, in: Anregung 22 (1976) S. 278.]
Cancik, H.: Untersuchungen zu Senecas Epistulae morales. Hildesheim 1967.
Dahlmann, H.: Seneca und Rom. In: Das neue Bild der Antike 2 (1942) S. 296–309.
Forschner, M.: Die stoische Ethik. Darmstadt ²1995.
Freise, H.: Die Bedeutung der Epikur-Zitate in den Schriften Senecas. In: Gymnasium 96,6 (1989) S. 532–556. [Mit Lit.-Angaben auf S. 556.]
Friedländer, L.: Der Philosoph Seneca. In: Historische Zeitschrift N. F. 49 (1900) S. 193–249. Wiederabgedr. in: WdF 414. S. 95–148.
Fuhrmann, M.: Seneca und Kaiser Nero. Darmstadt 1997.
Gigon, O.: Seneca und der Tod. In: LEU/L 49 (1986) S. 96–115.

Griffin, M. T.: Seneca. A Philosopher in Politics. Oxford 1976. [Rez. von J. Phillip. In: Gnomon 50 (1978) S. 415 ff.
– Philosophy for Statesmen: Cicero and Seneca. In: Antikes Denken – Moderne Schule. Hrsg. von H. W. Schmidt und P. Wülfing. Heidelberg 1988. [Rez. von A. Kohl, in: Anregung 35 (1989) S. 126.]
Grimal, P.: Seneca. Macht und Ohnmacht des Geistes. Ins Deutsche übertr. von K. Abel. Darmstadt 1978.
Hachmann, E.: Die Führung des Lesers in Senecas Epistulae morales. Münster 1997.
Hadot, I.: Seneca und die griechisch-römische Tradition der Seelenleitung. Berlin 1969.
Hirschberger, J.: Geschichte der Philosophie. Bd. 1: Altertum und Mittelalter. Freiburg i. Br. ¹⁴1991.
Hossenfelder, M.: Geschichte der Philosophie. Hrsg. von W. Röd. Bd. 3: Stoa, Epikureismus und Skepsis. München 1985.
Knoche, U.: Der Philosoph Seneca. Frankfurt a. M. 1933.
– Der Gedanke der Freundschaft in Senecas Briefen an Lucilius (1954). In: Arctos. Acta Philologica Fennica. N. S. 1. Helsinki 1954. S. 83–96. Wiederabgedr. in: WdF 414. S. 149–166.
Krefeld, H.: Senecas Lehre vom Menschen. In: Gymnasium 96 (1989) S. 376–384.
– Seneca und wir. Zugänge zur Aktualität seiner Lehre. Bamberg 1992.
Lana, I.: Lucio Anneo Seneca. Turin 1955.
– Introduzione a Seneca. In: Filosofia. Januar 1966.
Leeman, A. D.: Das Todeserlebnis im Denken Senecas. In: Gymnasium 78 (1971) S. 322 ff.
– The Epistolary Form of Sen. ep. 102. In: Mnemosyne 4/4 (1951) S. 175 ff.
Maurach, G.: Der Bau von Senecas Epistulae morales. Heidelberg 1970.
– Geschichte der römischen Philosophie. Eine Einführung. Darmstadt 1989. [Zu Seneca S. 105–129.]
– Seneca. Leben und Werk. Darmstadt 1991.
Mac L. Currie, H.: The Younger Seneca's Style: Some Observations. University of London. Institute of Classical Studies. Bulletin 13 (1966) S. 76–87. – Dt.: Der Stil des jüngeren Seneca: Einige Beobachtungen. Übers. von G. Maurach. In: WdF 414. S. 203–227.

Muth, R.: Einführung in die griechische und römische Religion. Darmstadt 1988.

Norden, E.: Die antike Kunstprosa. Bd. 1. Leipzig ²1909. Nachdr. Darmstadt ⁵1974. Stuttgart ⁹1983. S. 306–313.

Oppenheim, D. E.: Selbsterziehung und Fremderziehung nach Seneca. In: Internationale Zeitschrift für Individualpsychologie 8 (1930) S. 62–70. Wiederabgedr. in: WdF 414. S. 185–199.

Pfligersdorffer, G.: Seneca-Perspektiven. In: Grazer Beiträge 16 (1989) S. 229–242. [Zum 98. Brief.]

Pohlenz, M.: Die Stoa. 2 Bde. Göttingen ⁴1970–72.

Reinhart, G. / Schirock, E.: Senecas Epistulae morales. Zwei Wege ihrer Vermittlung. Bamberg 1988.

Richter, R.: Seneca und die Sklaven. In: Gymnasium 65 (1958) S. 196 ff.

Ricken, F.: Philosophie der Antike. Stuttgart 1988. (Grundkurs Philosophie. Bd. 6.)

Rieth, G.: Grundbegriffe der stoischen Ethik. Eine traditionsgeschichtliche Untersuchung. Berlin 1933.

Rist, J. M.: Seneca and Stoic Orthodoxy. Aufstieg und Niedergang der Römischen Welt. Bd. II 36,3. Berlin / New York 1989. S. 1993–2012.

Rosati, G.: Seneca sulla lettera filosofica. Un genere letterario nel cammino verso la saggezza. In: Maia 33 (1980) S. 3–15.

Rozelaar, M.: Seneca. Eine Gesamtdarstellung. Amsterdam 1976.

Scarpat, G.: Il pensiero religioso di Seneca e l'ambiente ebraico e cristiano. Brescia 1977.

Schottlaender, R.: Epikureisches bei Seneca (1955). In: WdF 414. S. 167–184.

Setaioli, A.: Seneca e lo stile. In: Aufstieg und Niedergang der Römischen Welt. Bd. 35,2,19. S. 777–856.

Sørensen, V.: Seneca, ein Humanist an Neros Hof. München ²1985.

Stückelberger, A.: Senecas 88. Brief. Text, Übers., Komm. Heidelberg 1965.

Traina, A.: Lo stile ›drammatico‹ del filosofo Seneca. Bologna ³1984.

Trillitzsch, W.: Seneca im literarischen Urteil der Antike. 2 Bde. Amsterdam 1971.

– Senecas Beweisführung. Berlin 1962.

Turkan, R.: Sénèque et les religions orientales. Brüssel 1967.

Ueberweg, F. / Praechter, K.: Grundriß der Geschichte der Philosophie. T. 1: Die Philosophie des Altertums. Berlin ¹²1923. Graz

[13]1953 (unveränd. photomech. Nachdr. der 12. Aufl.). Darmstadt 1967.
Vogt, J.: Sklaverei und Humanität. In: Historia Einzelschriften 8 (1965).
Waltz, R.: Vie de Sénèque. Paris 1909.

Römische Literatur
IN RECLAMS UNIVERSAL-BIBLIOTHEK

Seneca

Apocolocyntosis / Die Verkürbissung des Kaisers Claudius. Lat. / dt. 94 S. UB 7676
De brevitate vitae / Von der Kürze des Lebens. Lat. / dt. 76 S. UB 1847
De clementia / Über die Güte. Lat. / dt. 116 S. UB 8385
De otio / Über die Muße / De providentia / Über die Vorsehung. Lat. / dt. 85 S. UB 9610
De tranquillitate animi / Über die Ausgeglichenheit der Seele. Lat. / dt. 111 S. UB 1846
De vita beata / Vom glücklichen Leben. Lat. / dt. 119 S. UB 1849
Epistulae morales ad Lucilium Liber / Briefe an Lucilius über Ethik. Lat. / dt. *1. Buch.* 88 S. UB 2132 – *2. Buch.* 96 S. UB 2133 – *3. Buch.* 96 S. UB 2134 – *4. Buch.* 96 S. UB 2135 – *5. Buch.* 96 S. UB 2136 – *6. Buch.* 94 S. UB 2137 – *7. Buch.* 96 S. UB 2399 – *8. Buch.* 96 S. UB 2140 – *9. Buch.* 101 S. UB 2141 – *10. Buch.* 72 S. UB 2142 – *11.–13. Buch.* 127 S. UB 2143 – *14. Buch.* 128 S. UB 9370 – *15. Buch.* 141 S. UB 9371 – *16. Buch.* 80 S. UB 9372 – *17. und 18. Buch.* 165 S. UB 9373
Medea. Lat. / dt. 167 S. UB 8882
Naturales quaestiones / Naturwissenschaftliche Untersuchungen. Lat. / dt. 543 S. UB 9644
Oedipus. Lat. / dt. 142 S. UB 9717
Vom glückseligen Leben und anderen Schriften. Lat. / dt. 160 S. UB 7790

Seneca-Brevier. 272 S. 11 Abb. Gebunden

Philipp Reclam jun. Stuttgart

Römische Literatur

IN RECLAMS UNIVERSAL-BIBLIOTHEK

Cicero

Cato maior de senectute / Cato der Ältere über das Alter. Lat./dt. 141 S. UB 803

De finibus bonorum et malorum / Über das höchste Gut und das größte Übel. Lat./dt. 543 S. UB 8593

De imperio Cn. Pompei ad Quirites oratio / Rede über den Oberbefehl des Cn. Pompeius. Lat./dt. 88 S. UB 9928

De natura deorum / Über das Wesen der Götter. Lat./dt. 480 S. UB 6881

De officiis / Vom pflichtgemäßen Handeln. Lat./dt. 455 S. UB 1889

De oratore / Über den Redner. Lat./dt. 653 S. UB 6884

De re publica / Vom Gemeinwesen. Lat./dt. 416 S. UB 9909

Drei Reden vor Caesar. Für Marcellus. Für Ligarius. Für den König Deiotarus. 64 S. UB 7907

Epistulae ad Atticum / Briefe an Atticus. Lat./dt. 279 S. UB 8786

Epistulae ad Quintum fratrem / Briefe an den Bruder Quintus. Lat./dt. 251 S. UB 7095

Laelius, Über die Freundschaft. 87 S. UB 868

Philippische Reden gegen M. Antonius. Erste u. zweite Rede. Lat./dt. 200 S. UB 2233

Pro M. Caelio oratio / Rede für M. Caelius. Lat./dt. 159 S. UB 1237

Pro A. Licinio Archia poeta oratio / Rede für den Dichter A. Licinius Archias. Lat./dt. 56 S. UB 1268

Pro P. Sestio oratio / Rede für P. Sestius. Lat./dt. 205 S. UB 6888

Rede für Sextus Roscius aus Ameria. Lat./dt. 148 S. UB 1148

Rede für Titus Annius Milo. Lat./dt. 160 S. UB 1170

Rede über den Oberbefehl des Cn. Pompeius. Rede für den Dichter A. Licinius Archias. 64 S. UB 8554

Reden gegen Verres I. Lat./dt. 130 S. UB 4013 – *II.* 168 S. UB 4014 – *III.* 208 S. UB 4015 – *IV.* 261 S. UB 4016 – *V.* 183 S. UB 4017 – *VI.* 200 S. UB 4018

Tusculanae disputationes / Gespräche in Tusculum. Lat./dt. 563 S. UB 5028

Über den Staat. 189 S. UB 7479

Über die Rechtlichkeit (De legibus). 150 S. UB 8319

Vier Reden gegen Catilina. 88 S. UB 1236 – Lat./dt. 149 S. UB 9399

Cicero zum Vergnügen: »Stillsitzen kann ich einfach nicht.« 184 S. UB 9652

Philipp Reclam jun. Stuttgart

Römische Literatur

IN RECLAMS UNIVERSAL-BIBLIOTHEK

Geschichtsschreibung

Augustus, *Res gestae / Tatenbericht.* Lat./griech./dt. 88 S. UB 9773
Caesar, *De bello Gallico / Der Gallische Krieg.* Lat./dt. 648 S. UB 9960 – *Der Bürgerkrieg.* 216 S. UB 1090 – *Der Gallische Krieg.* 363 S. UB 1012
Eugippius: *Vita Sancti Severini / Das Leben des heiligen Severin.* Lat./dt. 157 S. UB 8285
Livius, *Ab urbe condita. Liber I / Römische Geschichte. 1. Buch.* Lat./dt. 240 S. UB 2031 – *Ab urbe condita. Liber II / Römische Geschichte. 2. Buch.* Lat./dt. 237 S. UB 2032 – *Ab urbe condita. Liber III / Römische Geschichte. 3. Buch.* Lat./dt. 263 S. UB 2033 – *Ab urbe condita. Liber IV / Römische Geschichte. 4. Buch.* Lat./dt. 235 S. UB 2034 – *Ab urbe condita. Liber V / Römische Geschichte. 5. Buch.* Lat./dt. 229 S. UB 2035 – *Römische Geschichte. Der Zweite Punische Krieg.* I. Teil. 21.–22. Buch. 165 S. UB 2109 – II. Teil. 23.–25. Buch. 160 S. UB 2111 – III. Teil. 26.–30. Buch. 240 S. UB 2113
Nepos, Cornelius, *De viris illustribus / Biographien berühmter Männer.* Lat./dt. 456 S. UB 995
Sallust, *Bellum Iugurthinum / Der Krieg mit Jugurtha.* Lat./dt. 222 S. UB 948 – *De coniuratione Catilinae / Die Verschwörung des Catilina.* Lat./dt. 119 S. UB 9428 – *Historiae / Zeitgeschichte.* Lat./dt. 88 S. UB 9796 – *Die Verschwörung des Catilina.* 79 S. UB 889 – *Zwei politische Briefe an Caesar.* Lat./dt. 95 S. UB 7436
Sueton, *Augustus.* Lat./dt. 200 S. UB 6693 – *Nero.* Lat./dt. 151 S. UB 6692 – *Vespasian, Titus, Domitian.* Lat./dt. 136 S. UB 6694
Tacitus, *Agricola.* Lat./dt. 150 S. UB 836 – *Annalen I–VI.* 320 S. UB 2457 – *Annalen XI–XVI.* 320 S. UB 2458 – *Dialogus de oratoribus / Dialog über die Redner.* Lat./dt. 117 S. UB 7700 – *Germania.* 80 S. UB 726 – *Germania.* Lat./dt. 112 S. UB 9391 – *Historien.* Lat./dt. 816 S. 8 Abb. u. 6 Ktn. UB 2721 (auch geb.)
Velleius Paterculus, *Historia Romana / Römische Geschichte.* Lat./dt. 376 S. UB 8566

Philipp Reclam jun. Stuttgart